일본병 日本病

-장기 쇠퇴의 다이내믹스-

가네코 마사루
고다마 다쓰히코 지음 | 김준 옮김

머리말

　시장이나 생명 같은 복잡한 시스템은 외부에서 관찰하는 것만으로는 내부의 움직임이 너무 복잡하여 이해할 수 없다. 1980년대 『Japan as number one(에즈라 보겔 하버드대 명예교수가 1979년 발표한 저서명—역자 주)』 등으로 칭송받던 일본 경제는 버블과 쇼크가 반복되면서 변질되었으며 산업경쟁력과 과학기술 역시 점차 쇠퇴하고 있다. 그런 가운데 1,000조 엔이 넘는 재정 적자가 발생했음에도 이차원異次元적 금융 완화책(2013년 4월 일본은행에서 발표한 '양적·질적 금융 완화'—편집자 주)을 통해 일본은행은 326조 엔 이상의 국채(2015년 12월 10일 기준)를 끌어안았고 이런 이상한 사태에 대해 매스컴은 침묵으로 일관한다. 정보가 범람하는 사회임에도 불구하고 사람들은 무엇을 믿어야 할지 알 수 없는 상태에 있으며 제2차 대전 중 일본 대본영 발표나 독일 나치스의 프로파간다처럼 무책임한 말만 횡행할 뿐 재정 적자나 금융 위기 같은 문제를 누구도 책임지려고 하지 않는다.

　우리는 경제학과 생명과학 간의 대화를 통해 복잡한 시스템은 다중적 피드백을 작동 원리로 한다는 사실을 제창했다. 이 책은 다중인 피드백 제어가 만들어낸 주기周期 안에서 반복적인 움직임을 통해 변해가는 암과 항생물질에 내성을 갖추게 되는 병원균 등을 예로 들어 버블과 쇼크의 반복이 초래할 미래를 예측하고 그 대응책을 제안하기 위해 저술되었다.

　다이내믹하게 움직이는 시스템을 예측하기 위해 18세기 영국의 목사 토머스 베이즈는 인간의 경험을 사전 예측이라고 할 때 거기에 데이터를 더하면 보다 뛰어난 사후 예측이 가능하다는 방법론을 제창했다. 그러나 이 방법은 계산이 복잡하고 다량의 연산이 필요한 까닭에 비실용적이라고 배척되었고 또 인간의 경험을 이해하는 측면에서도 어려운 점이 있었다. 그러나 현대에 들어와 인지·인식 과학이 진보하고 컴퓨터의 연산 능력이 폭발적으로 향상하면서 새로운 가능성이 창출되었다.

여섯 명 중 한 명의 어린이가 빈곤 상태이고 고령자 중 90%가 빈곤에 지면하고 있으며 지역 경제는 쇠퇴 중이다. 이런 심각한 실정을 직시할 수밖에 없는 당사자들을 중심으로 하는 현장주의적 논의가 요구된다. 이 책에서는 베이즈 추론을 기반으로 예측을 심화하고 인간의 인지 및 인식을 객관화하여 보다 정밀한 사전 모델을 창출할 것이다. 또한 선입견이 포함되지 않은 데이터로 추론 사이클을 반복함으로써 새로운 예측 모델을 제안할 것이다. 경제나 정치, 과학 단독으로는 탈출할 수 없는 '일본병'을 분석하고 새로운 문화를 창출하여 돌파구를 모색하는 여행을 떠나보자.

목차

일러두기

1. 이 책의 일본어 표기는 국립국어원 외래어 표기법을 따르되, 최대한 본래 발음에 가깝게 표기하였다.

2. 일본 인명, 지명, 상호명은 최대한 일본어로 읽어주는 것을 원칙으로 하되, 본문 중에 처음 등장할 시에만 한자를 병기하였다.
   *인명
   예) 무라카미 사토시村上聡, 야마나카 신야山中申弥
   *지명
   예) 니가타新潟, 주에쓰中越
   *상호명
   예) 미쓰이三井부동산, 닛산日産 자동차

3. 독자의 이해를 돕기 위해 보충 설명이 필요한 경우 주석을 달았다. 역자와 편집자가 단 주석은, 역자 주, 편집자 주로 표시하였으며, 나머지는 저자의 주석이다.
   *용어
   예) 세 개의 화살(아베노믹스의 3대 요소로 금융 정책을 통한 양적 완화, 정부의 재정 지출 확대, 공격적인 성장 전략 추진을 말한다-역자 주)
   마이넘버(일본판 주민등록 제도-편집자 주)

4. 서적 제목은 겹낫표(『』)로 표시하였으며, 그 외 인용, 강조, 생각 등은 따옴표를 사용했다.
   *서적 제목
   예) 『역시스템학—시장과 생명의 구조를 밝히다逆システム学—市場と生命のしくみを解き明かす』, 『원자력발전은 화력발전보다 비싸다原発は火力より高い』

제1장
'일본병'과 예측의 과학

1 왜 '예측의 과학'인가

다중적 피드백

일본은 장기 쇠퇴라고 하는 '일본병'에 걸렸다.

왜 그런 병에 걸렸고 왜 병이 더욱 심해지는지, 그 과정 속에서 살아온 경제학자와 생명과학자가 나누는 대화를 통해 이 '일본병'이라는 이름의 일본 경제의 병리를 해명하는 일이 이 책의 목적이다.

그 일은 시장과 생명이라는 복잡한 존재가 어떻게 변해간 것인가 하는 '예측'과도 관계가 있다. 경제학을 연구하는 자와 생명과학을 연구하는 자가 함께 일을 한다는 것에 위화감을 느끼는 사람도 있을지 모른다. 그러나 우리는 생명과 경제에서 비슷한 현상을 찾아내 단순히 분석을 하려는 것이 아니다. 지금 이 시대가 요청하고 있는 생명과학과 경제학이 공유해야 할 방법론을 찾아내려는 것이다.

필자 두 사람의 공동 작업은 이번이 처음이 아니다. 2004년에 『역시스템학—시장과 생명의 구조를 밝히다逆システム学—市場と生命のしくみを解き明かす』라는 저서를 집필한 것이 처음이었다. 당시는 밀레니엄을 맞이해 인간 게놈이 해독되면서 게놈 과학이 비약적으로 진보했던 시기였으며 동시에 고이즈미小泉 정권기의 '구조 개혁'이 본격화되던 시기였다. 『역시스템학』은 고이즈미 '구조 개혁'의 배경이 되는 신자유주의의 기저에 숨어 있는 방법론적 개인주의와 유전자 결정론의 기반이 되었던 요소환원주의要素還元主義라는 주류적 사고방식을 근본부터 비판했다. 그리고 시장도 생명도 다중적

조절 제어 구조 혹은 다중적 피드백으로 이루어져 있다는 방법론을 제시했다.

다이내믹스와 예측

그로부터 12년이 흘렀다. 전작(『역시스템학』)은 시간 개념이 없는 균형론적 모델을 비판하면서도 정태론靜態論에 그친 면이 있었다. 그에 비해 이 책은 생명과 경제에서 찾아볼 수 있는 몇 가지 주기성周期性에 착안함으로써 변하는 대상과 작용하는 대상을 어떻게 분석하고 예측할 것인가에 초점을 두고 있다.

이는 아베노믹스에서 볼 수 있는 것처럼 일본 경제가 장기 정체에서 장기 쇠퇴로 변했기 때문이다. 아베노믹스는 인플레 타깃론이라고 하는 예측(혹은 기대)의 조작을 장점으로 내세웠다. 인플레 타깃론이란 중앙은행이 물가 목표를 세우고 금융 완화책을 통해 화폐 공급량을 늘리면 사람들이 인플레에 대한 기대를 품고 소비를 늘릴 것이며 결국 경제가 좋아질 것이라는 사고방식이다. 마침 동시기에, 고령화 사회의 도래가 인지증 및 생활습관병을 비약적으로 늘렸고 그 증상을 해명하기 위해 막대한 데이터를 분석해야 했던 게놈 과학도 예측의 과학으로서 커다란 진보를 이루었기 때문이다.

즉 이 책은 주기성을 지닌 생명과 시장이 '병'에 걸렸을 때 경제 정책 전개와 치료 시술을 둘러싸고 어떤 문제가 일어날 것인가를 예측하는 일이 목적이다. 물론 그것은 '병'을 고치는 올바른 방법을 찾아내기 위한 일이기도 하다.

이 책에서는 다중적 제어의 구조를 이해하기 위해 다이내믹스

dynamics(동역학)라는 방법론을 활용한다. 피드백 제어라는 것은 에 어컨의 온도를 조절하는 것처럼 더워지면 쿨러를 작동시키고 추 워지면 히터를 켜는 것과 같은 방식으로 이루어진다. 그래서 온도 를 바꾸는 데에 시간이 걸리며 온도가 오르고 내리는 주기적인 변 동이 나타난다. 그와 마찬가지로 생명과 시장에서의 제어도 주기 적인 움직임을 기본으로 한다. 그것이 다중적으로 거듭되면 주기 적으로 반복되면서 변하는 복잡한 움직임이 된다.

다이내믹스란 복잡한 시스템이 변해가는 모습을 예측하는 방법이 다. 물체의 균형 상태를 연구하는 스태틱스statics(정역학)에 비해 다이 내믹스는 균형이 깨지면서 반복적으로 변화하는 모습을 예측한다.

물리학에서 천체의 수가 둘일 때까지는 서로 간의 중력 같은 상 호 작용을 수식으로 예측할 수 있지만 세 개 이상의 상호 작용인 경우에는 '3체문제'가 되면서 수식으로 풀어낼 수가 없다. 그러나 최초의 위치를 알고 있다면 '운동 에너지'와 '장소가 가지는 위치 에너지'를 단계별로 계산하고 수치 계산을 통해 오차를 줄임으로 써 일정 폭으로 예측할 수 있다. 이렇게 하여 로켓은 무사히 천체 에 도착할 수 있는 것이다.

제어 메커니즘이 중복되어 있는 시장이나 생명 같은 대상에 '인 플레 타깃론'처럼 단순화시킨, 사람들의 이해관계가 얽힌 이론으 로 치료를 하거나 경제 정책을 펴려고 하면 생각지도 못한 부작 용을 일으키는 경우가 있다. 이 책의 목적은 이미 해결이 불가능 한 상태로 보이는 막대한 재정 적자, 항생물질에 내성이 생긴 병 원균, 진행암 등에 직면하여 우리가 어떻게 시스템을 재건할 것인 가에 대해 전망을 하는 것이다. 그렇기 때문에 다이내믹스를 통한

'예측의 과학'이 중심 테마가 되는 것이다.

2 장기 정체에서 장기 쇠퇴로

쇠퇴 증상

아베노믹스에 의해 일본 경제는 장기 정체에서 장기 쇠퇴로 넘어가게 되었다. 이는 과거에 실패했던 정책을 계속 사용하면서 다시 실패를 거듭했고 또한 실패하는 정책의 규모가 점점 커지면서 증상이 더욱 악화되었기 때문이다. 그럼에도 불구하고 아무도 실패에 대한 책임을 지지 않기 때문에 실패에서 빠져나올 수 없었다. 말을 바꾸고 내용을 바꾸는 것으로 실패한 정책이 정당화되었다. 일본병의 특징적인 증상이라 할 수 있는 일들이다. 지금은 인플레 타깃론이라고 하는 '예측(기대)'의 조작으로 어떻게든 빠져나오려고 발버둥치지만 오히려 그로 인해 '일본병'의 증상은 계속 심각해지고 있다.

장기 쇠퇴의 징후는 여기저기서 볼 수 있다. 국내총생산GDP의 정체와 달리 기반 GDP의 급속한 감소(세계 시장에서의 일본 경제의 급속한 지위 저하), 산업의 국제경쟁력 저하와 자동차 등 일부 제품을 제외한 일본 제품의 점유율 저하, 고용의 비정규화와 연금 및 건강보험의 장래적 파탄 전망, 블랙 기업과 가혹한 노동의 횡행, 격차와 빈곤의 확대, 저출산 및 고령화와 인구 감소에 따른 지역 쇠퇴 등등이 징후라 할 수 있겠다.

그런 가운데 아베노믹스가 목표 달성을 전망했던 2년째 되는 2014년의 경제지수는 상징적이라 할 수 있다. 실질 GDP 성장률은 마이너스 0.9%인 데 비해 대기업은 사상 최고의 수익을 올린 것이다. 아베노믹스는 뒤에서 살펴보겠지만 이차원異次元적 금융완화책으로 재정 적자에 대한 자금 조달과 동시에 엔화의 약세와 주가 상승을 유도함으로써 대기업의 수익을 올리는 일에 집중했다. 그 결과 대기업은 모두 외국 자본에 의한 주식 점유율이 높아지게 되었고 많은 유명한 대기업이 전체 주식의 3분의 1 이상을 외국계 자본이 소유하는 '외자계 기업'이 되었다. 그렇게 된 대기업들은 오로지 당기 순이익을 높이고 내부유보와 주식 배당을 확장하는 일에 주력하게 되었다. 그러나 2015년 6월까지 실질 임금이 26개월 연속 마이너스를 기록한 것에서 알 수 있듯이 대기업과 부유층이 풍족해지면 나중에 가난한 사람들에게도 이익이 돌아간다는 이른바 '트리클 다운trickle down'은 발생하지 않았으며 격차와 빈곤이 확대되면서 일본 경제, 특히 지방의 경제가 황폐해지고 있다.

첨단 기술 분야에서 20년간 잃어버린 것

버블이 붕괴되고 지난 25년간 일본은 경제 성장이 없는 장기적인 정체가 이어졌다. 그 과정은 경제 정책의 실패뿐만 아니라 산업구조와 과학기술의 쇠퇴에서도 야기되었다.

재정, 금융뿐 아니라 지난 '잃어버린 20년' 동안 첨단 산업 분야의 정체가 일본 경제 쇠퇴의 원인이라는 사실은 명백하다고 할 수 있다. 특히 반도체와 컴퓨터 산업의 쇠퇴가 현저하다. 이와 동시에 원자력 발전소와 신칸센新幹線 등 반半공공사업에 의존하는 '사회 인프라'의 수출이 강조되었다. 고이즈미 내각이 당초 내세웠던 공공사업 삭감 정책이 제2차 아베安倍 내각에서는 정반대로 국토강인화법國土強靱化法이라고 하는 이름의 공공산업을 강화하는 정책으로 다시 돌아선 것이다.

산업구조의 전환이 늦어지면서 여전히 종래형 산업의 경영자가 경제계의 중추를 지배하는 가운데 예상치 못한 난관에 빠진 기업이 나타나게 되었다. 예를 들자면 도시바東芝는 미국의 원전 관련 기업을 비싼 값으로 매입했다가 안전 코스트 증가와 원전의 건설 중단으로 불량 채권화된 손실을 은폐하는 부정 회계를 저지르게 되었다. 게다가 아베 정권은 무기 수출을 '국책'으로서 추진하기 위해 무역 보험을 적용 중에 있다. 손실이 발생하면 세금으로 보전한다. 집단적 자위권을 규정한 안전보장 관련법에 따라 미국이 주도하는 전 세계의 전쟁에 참가하고 또 일본제 무기의 판매 촉진을 꾀할지도 모른다. 결국 정부의 산업 정책은 국내 시장을 창출하지 못하고 경쟁력을 잃은 기존 대기업을 인프라 수출 정책과 세금 투입으로 구제함으로써 한국, 중국과 경합하는 영역에서의 수출에 의존해야 하는 상황이 되고 말았다. 그리고 그것이 일본 경제가 지향해야 할 미래의 산업구조로의 전환을 늦추게 되는 악순환에 빠진 것이다.

그러는 동안 정보통신 산업의 급격한 진보는 과학의 본질을 바꾸었고 데이터에 의한 예측의 과학이 급속도로 진전되었다. 구태의연한 일본 기업과 구글이나 아마존, 애플과 같은 미국의 IT 기업과의 격차는 계속 벌어지고만 있다.

3 '일본병'은 진행 중에 있다

잃어버린 20년에서 역사적 전환점으로

필자들은 2004년 이와나미 신서 『역시스템학』에서 시장과 생명이 제어의 다발로 이루어져 있다는 사실을 밝혀내고 수치 목표에 의한 성과주의가 오히려 시장과 생명의 문제를 악화시킨다고 주장했다. 규제 완화라는 이름 아래 제어계를 해체하여 경제 성장을 이루려는 시도는 제어계의 기능 부전 때문에 오히려 장기 정체를 만들어낼 것이라고 예상했다. 그리고 불행하게도 그 예상은 '잃어버린 20년'이라는 형태로 적중했다.

그러나 지금 일본은 '장기 정체'라는 수준을 넘어 '장기 쇠퇴'의 길로 진입 중이다. 과거 장기 쇠퇴에 빠진 경제 상황에 대해 '네덜란드병Dutch Disease'이나 '영국병British disease'이라고 불렀다. 그런 의미에서 버블 경제와 버블 파탄 이후 일본 경제와 일본 사회는 리먼 쇼크를 거쳐 아베노믹스를 통해 쇠퇴를 향한 길로 돌진했고 결국 '일본병'에 걸렸다고 할 수 있다.

1990년대의 버블 붕괴 이후 은행의 불량 채권 처리 문제부터 2011년의 후쿠시마 제1원전 사고에 이르기까지 경영자도 감독관청의 관료도 아무런 책임을 지지 않았고 당면 과제인 경기 부양을 위해서는 눈가림식의 정책을 계속 펼쳤다. 그러는 동안 일본 경제는 첨단 과학기술과 산업 구조의 전환에 따라가지 못하게 되었고 국제경쟁력을 상실하기에 이르렀다.

실패의 책임자가 과거의 고도 성장이라는 성공 체험의 추억에 잠기며, 아베 정권하에서 종래의 정책을 비정상적으로 규모를 부풀려서는 위약(플라시보) 효과를 위해 총동원하고 있다. 위약으로 쓸 생각이었던 금융 완화 확대책과 관제 시세는 이미 끊을 수 없는 마약이 되어 온몸을 파먹고 있다. 현재 국가 채무는 천문학적인 수치에 이르렀으며 국채를 보유 중인 일본은행은 버티기만 할 뿐이다. 해결 방법을 찾지 못한 채 그저 갈 데까지 가버리는 정책을 펼치고 있는 것이다.

'일본병'을 만든 잘못된 개입의 반복

복잡한 물체가 병에 걸릴 때에는 특정한 메커니즘이 있다. 적절하지 않은 치료가 반복되면 치료에 저항성을 가지는 '내성'이 생기게 되고 그 결과 더욱 심각한 상황을 만들어내는 것이다.

생명과학 분야에서는 게놈(유전자) 데이터를 계통적으로 읽는 기술이 급속도로 진보하면서 치료에 따른 게놈의 변화가 병의 상태를 크게 좌우한다는 사실을 알게 되었다. 암 세포에 항암제를, 병원균에 항생제를 투여하면 처음에는 많은 암 세포나 병원균에 효과가 있는 것처럼 보인다. 그러나 약에 내성을 갖게 되는 게놈 변이를 일으킨 암 세포와 미생물이 살아남으면 단순히 약에 대한 저항성만 가지는 것이 아니라 보다 악성도가 높아진다. 암 세포라면 주변의 조직을 먹어치우는 침윤浸潤이라든지 멀리 떨어진 장기에까지 침투하는 전이 능력이 높아지면서 한층 치료가 어려운 '악성도가 높은' 암 세포가 되는 것이다.

항생물질을 장기적으로 남용함으로써 거의 모든 항생물질이 듣지 않는 성질을 가진 병원균이 탄생하여 치명적인 병원 감염의 아웃브레이크를 일으키게 된다.

'일본병'은 '사회 인프라'라고 칭하는 공공사업과 '국토강인화'라고 일컬어지는 토건사업에 의존하는 가운데 새롭게 그 진화형인 올림픽 사업과 마이넘버(일본판 주민등록 제도–편집자 주) 사업에까지 기생하기 시작했다.

예측의 조작을 공언하는 아베노믹스

아베노믹스는 지금까지의 버블을 만들었던 경제 정책과는 다른 특징을 가지고 있고 그로 인해 장기 정체를 장기 쇠퇴로 탈바꿈시켰다. 제3장에서 자세하게 살피겠지만 1990년대 초반 버블 처리 과정에서 발생한 1,000조 엔 규모의 민간 부채는 그 뒤 국채로 교체되도록 정책적으로 유도되었다. 계속해서 재정 및 금융 정책으로 불량 채권 처리를 강행하고 규제 완화=민간 활력론이라는 공식이 활개를 치게 된 배경에는 실패의 책임을 지지 않으려는 경영자의 '위기' 판단이 있었다.

그것은 결국 민간 저축에 의한 국채 흡수의 한계라고 하는 벽에 부딪히게 된다. 그렇기 때문에 아베노믹스에 의한 이차원 금융 완화로 그 한계를 극복하려고 하는 것이고 일본은행에 의한 국채 구입(재정 파이낸스)과 관제 시세가 확대되는 방향으로 나아가는 것이다.

1990년대 일어난 버블 붕괴에 대해 일본은 이른바 수박 겉핥기식의 재정 금융 정책으로 버블을 처리하려고 했다. 또 아베노믹스를 통해 금융 완화 정책을 향정신약 또는 마약처럼 사용함으로써 대기업의 내부유보가 300조 엔을 초과하는 내장 지방이 잔뜩 껴 있는 생활습관병 같은 상태가 되었다.

역사적으로는 제2차 세계대전 후 일본은행에 의한 재정 파이낸스는 그 위험성 때문에 법률적으로 규제되어왔다. 그러나 버블 붕괴 이후 국채가 계속 쌓이고 재정 재건이 불가능해 보이자 특효약으로서 인플레 타깃론이 튀어나오게 되었다. 인플레 타깃론에서는 불황의 원인을 '디플레 마인드'로 규정하고 있으며 "인플레에 대한 기대 심리가 생기면 물가가 상승하고 성장이 이루어질 것"이라는 '예측'의 조작 가능성을 논거로 하고 있다. 그러나 정부나 중앙은행이 사람들의 '예측'을 컨트롤할 수 있을 것이라는 결정적인 근거는 아무것도 없다. 이런 예측의 문제에서 전제가 되는, 지금의 일본 경제의 상황을 간단히 설명하도록 하겠다.

'일본병'이 초래한 악순환

재정 및 금융 정책이 과거의 연장선상에서 규모가 비대해진 것처럼 과거에 사로잡혀 온 대미 의존적 정책도 강화되어 미국을 비롯한 글로벌 자본에 대해 'Buy Japan' 정책이 이루어지고 있다. 일본 시장, 농업, 의료 등을 미국 자본에 매도하는 TPPTrans-Pacific Partnership(환태평양경제연계협정)가 정책적으로 추진되고 있는 것이다. 제2장에서 자세하게 설명하겠지만 일본 기업의 전체 주식 중 약

32%를 외국 자본이 보유하고 있으며 이미 많은 유명 상장 기업이 외국인 보유 비율이 40%가 넘는 외자계 기업이 되었다. 일본은행이 주식 시세 전체의 유지를 위해 적극 매입하고 외자계 금융기관 및 외국 자본이 우량 기업을 사들임으로써 이익을 얻는 부의 유출 구도가 완성된 것이다. 그리고 일본은행의 금융 완화 정책에 의한 엔저와 일본은행과 연금기금을 사용한 관제 시세에 의한 주가 유지가 외자의 손실을 보전하기 위해 계속 이어지고 있다.

한편 시장으로서의 매력이 없는 일본에 대한 직접 투자는 늘지 않았으며 주식은 크게 외자계 금융기관 및 외국 자본에 의해 취득되지만 일본 기업의 직접 투자는 국내가 아닌 외국에서 이루어지게 되었다. 이를 집대성하는 것이 TPP이다. 이미 식량 자급률이 칼로리 기준으로 2014년도는 39%라는 세계 최저 수준을 기록했음에도 더욱 많은 농산물의 관세 철폐가 TPP로 이루어졌고 일본 농업의 쇠퇴를 가속화시키고 있다. 아베노믹스가 추진하는 노동법 관련 규제 완화는 일본 국내의 젊은이들의 고용을 불안정하게 만들었으며 격차는 더욱 벌어지고 빈곤화가 진행되면서 디플레와 국내 시장의 축소를 가져오는 악순환 구조가 만들어졌다.

쇼크와 시프트

일본 경제는 내부의 에너지뿐 아니라 세계 경제의 '위치 에너지'가 바뀔 때마다 영향을 크게 받았다. 미국 일국 패권의 종언을 알리는 리먼 쇼크에 대응하기 위해 중국 정부는 4조 위안(당시 환율 수준으로 56조 엔) 규모의 경기 대책을 내세우면서 강한 인상을 주었다.

한편 1990년대 아시아 경제 위기를 겪은 한국을 비롯한 아시아 국가들은 수출 산업을 통한 대응을 모색, 제조업을 계속 확대했다. 첨단 산업의 경쟁에서 패배한 일본 기업과의 버팅이 격화되었으며 코스트 퍼포먼스에서 뛰어난 기업의 생존 경쟁이 더욱 심해졌다. 실패에 대해 누구도 책임을 지지 않고 급한 불만 끄기 위해 공적 자금을 투입하면서 생기게 된 일본 첨단 산업의 정체 때문에 경제계는 기존 산업에서의 아시아 제국의 추격에 강한 위기감을 느낄 수밖에 없었고 언 발에 오줌 누는 정도의 미봉책인 엔저 정책에 기대를 품게 되었다. 그러나 그 또한 기대만큼의 효과는 올리지 못하고 지금은 만성적인 무역 적자 상태에 빠져 있다.

'Buy Japan' 정책의 후유증으로 경쟁 상대라 인식되는 인접 아시아 국가들과의 긴장 관계가 강조되었으며 '역사수정주의'가 제창되었다. 매스컴에 대한 협박과 헤이트 스피치, 교과서 개정, 야스쿠니 참배 등 역사적 역주행과 아시아 인접 국가들에 대한 도발이 일상화되었다.

그리고 특정비밀보호법과 안전보장 관련법 등에 의한 전쟁 준비가 공공연히 입에 오르내리게 되었다. 현재로서는 일본은행의 이해할 수 없는 금융 완화가 불러올 결말은 전쟁 아니면 하이퍼인플레라는 파국으로 치닫는 길 외에는 없어 보인다.

그 배경에는 군사 기술 개발로 태어난 정보 산업, 항공우주 산업, 그리고 그들 첨단 계측 기술을 활용하는 생명과학 산업을 리드하는 미국과의 위치 관계가 있다. 컴퓨터, 반도체에서 패배하고 미국의 불량 채권화된 원자력 발전 사업을 매수했으나 원전 수출에는 실패한 산업계가 앞에서 이야기한 것처럼 집단적 자위권 행사에 기초해 미군의 하청업자가 되어 아베노믹스의 무기 수출 3원칙 완화(방위 장비 이전 3원칙으로 전환)를 바탕으로 군수 산업에 치우치려고 하고 있다. 군사 부문 치중을 강화함과 동시에 정보의 은폐가 공공연하게 이루어지고 있으며 특정비밀보호법과 안전보장 관련법, 원전 재해 은폐, 그리고 TPP의 교섭 내용까지 은폐 대상이 되고 있다.

정보는 숨기면 숨길수록 피드백이 효과가 없어진다. 이차원 금융 완화가 금융 시장의 기능을 정지시킨 것처럼 정치와 사회의 다이나미즘을 빼앗기게 된다. 이에 대한 탈출구는 과연 있는 것일까? 좀 더 구체적으로 말하자면 '일본병'의 메커니즘 묘사에 그칠 것이 아니라 데이터에 근거해 보다 정밀한 예측을 통해 대응책을 고안해낼 수 있을 것인가? 이 문제에 대답하는 일이 바로 이 책의 목적 중 하나이다.

4. 복잡한 시스템 예측의 빛과 그림자

금융 공학이 초래한 쇼크

아이러니한 일이지만 금융 시장의 쇼크를 일으킨 원인의 대부분은 통계적 예측을 따라 제안된 메커니즘에서 발생했다. 1998년 파산한 미국의 대형 헤지펀드 LTCMLong-term Capital Management은 노벨 경제학상 수상자들이 개발한 최신 통계학적 수법을 이용해 유동성이 높은 채권 중에서도 가치가 높은 것만 선별해 대량으로 거래함으로써 이익을 높이는 수법을 사용했다. 그러나 1997년 아시아 금융 위기와 1998년 러시아의 디폴트 위기로 인해 파산, 미국과 유럽의 대형 금융기관에 거액의 손실을 안겼다.

2008년 리먼 쇼크는 이러한 '채권 리스크를 회피하기 위해' 만들어진 CDO(채무 담보 증권) 같은 수많은 종류의 금융 공학 상품이 한꺼번에 막힌 것이 방아쇠가 되었다. 신용을 잃어 무엇을 신용해야 될지 모르는 세계적인 신용 불안은 리먼 브라더스의 64조 엔이라고 하는 사상 최대의 경영 파탄을 초래했고 세계의 금융 시장을 쇼크로 내몰았다. 일본 경제는 서브프라임론subprime loan(빈곤자용 주택론)과 관련된 증권의 보유가 적었음에도 불구하고 실체 경제에는 큰 폭의 경기 후퇴를 맞고 말았다. 그렇게 된 이유는 버블 붕괴 이후의 '잃어버린 10년'에 대한 고이즈미의 '구조 개혁'이 일본 경제의 기능 부전에 미니 버블을 일으켰기 때문이었다.

웃기는 이야기지만 세계 경제를 쇼크에 빠지게 한 많은 사건의 원인은 '리스크를 회피하기 위해' 만들어진 금융 딜리버티브 상품을 점두거래하는 '그림자 은행 시스템'에 기인한다. 데이터에 근거를 둔 예측의 과학이 왜 '고삐 풀린 황소'가 되어 궤멸적인 결과를 가져온 것일까? 그것이 '일본병'을 이해하는 열쇠가 된다. 멀리 돌아가겠지만 예측의 과학을 기본부터 다시 살펴볼 필요가 있다.

베이즈 추론

사태의 결과에서 원인을 추정하는 일은 어렵다. 범행 현장과 범행 시각을 모르면 범인을 예측하기 어려운 것과 마찬가지로 거기에 동기까지 알 수 없으면 범인을 붙잡는 일은 거의 불가능해진다. 이런 영문을 알 수 없는 일이 거듭된 경우에도 예측하려고 하는 추측의 과학은 18세기 영국의 목사 토머스 베이즈에 의해 제창되었다. 경험적으로 얻은 사전 예측에 데이터를 더해 새롭고 보다 좋은 예측을 할 수 있다면 더욱 정확한 사후 예측을 얻을 수 있지 않겠는가 하는 것이 베이즈의 이론이다.

베이즈의 추론은 현대의 주류파인 로널드 피셔의 통계학과는 큰 차이가 있다. 이해를 돕기 위해 예측 데이터에 의해 변하는 실제 사례인 '몬티 홀 딜레마'를 소개하니 독자들도 함께 생각해보기 바란다.

몬티 홀은 미국의 퀴즈 프로그램의 사회자로 퀴즈를 맞힌 참가자에게 A, B, C라는 세 개의 문을 보여주고 하나를 선택하게 한다. 참가자가 A를 고르면 몬티는 B와 C를 먼저 들여다본 뒤 (만약 C가 꽝인 경우) 꽝인 C의 문을 연다. 그리고 몬티는 참가자에게 "B로 바꿀 건가요? 그대로 A로 하실 건가요?"라고 묻는다.

종래의 통계에 익숙한 사람은 확률은 변하지 않으므로 A든 B든 똑같다고 생각한다. 그러나 베이즈 추론에서는 처음 A를 선택하여 당첨될 확률은 3분의 1, B 또는 C가 당첨될 확률은 3분의 2라고 생각한다. 그리고 사회자인 몬티 홀이 알려준 C가 꽝이라는 데이터를 더해 사후 확률을 생각하면 A는 3분의 1이고 B는 3분의 2가 되기 때문에 B로 바꿀 것을 권유한다.

종래의 통계학을 배운 사람은 그럴 리가 없다고 생각한다. 그리하여 실험해보았다. 난수표의 순번에 따라 문 뒤에 경품인 차를 배치한다. 그리고 바꾼 쪽이 이득인지 바꾸지 않는 쪽이 이득인지 살펴본다.

　다음 그림은 난수표를 이용하여 시뮬레이션을 반복한 결과를 표시한 것이다. 횟수가 50회를 넘어가면 갈수록 그림 1-1과 같이 바꾸는 쪽의 확률이 3분의 2에 가까워지고 바꾸지 않으면 그림 1-2와 같이 확률이 3분의 1에 가까워지는 것을 알 수 있다.

　이것으로 기존의 피셔 통계학보다 베이즈의 추론이 더욱 현실

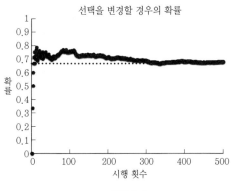

그림 1-1

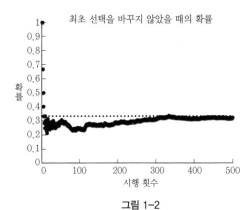

그림 1-2

을 잘 반영함을 알 수 있다.

문의 수를 100개로 하면 더욱 알기가 쉬워진다. 당신이 문 하나를 골랐을 때 남은 99개의 문 중 꽝인 문 98개를 사회자인 몬티홀이 알려주면 남은 하나의 문 뒤에 상품이 있을 확률은 엄청나게 높을 것이다. 확률은 데이터에 의해 계속 바뀌는 것이다.

'확률은 정보가 늘면 바뀐다'고 하면 왠지 이상하게 들리겠지만 다이내믹스에서는 확률도 변수이다. 그림과 같이 난수표를 사용해 예측하는 방법을 카지노가 있는 지중해 모나코 지구의 이름을 따 몬테카를로 법이라고 한다. 반복 중에 변하는 다이내믹스의 예측으로서 베이즈 추론과 몬테카를로 법은 무척이나 유효하다는 것을 알 수 있다.

컴퓨터는 데이터에 의한 예측의 과학을 위해 탄생

근대 통계학의 주류파인 로널드 피셔는 베이즈 추론을 적대시하며 철저하게 배척했다. 그것은 베이즈 추론이 막대한 계산을 필요로 하기 때문에 현실적이지 않다고 생각했기 때문이다. 피셔 통계의 사고방식은 가끔 사람들에게 확률은 변하지 않는다고 하는 착각을 일으켰다.

이런 착각에서 깨어나게 해주는 커다란 전환점을 전쟁이 가져다주었다. 제2차 세계대전 당시 영국의 천재 앨런 튜링이 이룬 독일의 암호 '에니그마'의 해독이었다. 그들은 베이즈 추론을 이용해 독일의 통신을 도청하여 얻은 막대한 데이터를 단서로 몇천 명이나 되는 인력과 기계식 암호 해독기 봄베를 사용해 암호가 만들어지는 방법을 예측하면서 틀린 것들을 지워나갔다. 남은 가능성이 있는 조합을 사용해 에니그마가 부분적으로 해독되기 시작하자 독일의 U보트가 구조를 요청하는 신호라든가 부상하는 장소를 알 수 있었고 적함을 붙잡아 승조원을 포로로 하고 암호기도 입수해서 해독을 진행했다. 그리고 히틀러와 장군들이 사용했던 보다 복잡한 암호를 풀기 위해 영국의 토미 플라워 등이 2,500개의 진공관을 사용한 초기 컴퓨터 콜로서스를 만들었다. 이로 인해 노르망디 상륙 작전 시의 히틀러의 대응도 알아냈다고 한다.

그러나 당시의 수상 처칠은 영국이나 미국의 정부와 군대의 암호 등 모든 비밀 문서를 읽을 수 있는 콜로서스와 베이즈 추론을 위험시하였다. 전후戰後 이 암호 해독은 군사 기밀이 되었고 튜링은 동성애자로 비난 받아 약물에 의한 거세를 형벌로 받게 되었고 젊은 나이에 사망하였으며 콜로서스는 조각조각으로 해체되었다. 미국의 컴퓨터 학회는 1966년 계산기 과학의 세계 최고의 상으로 튜링 상을 제정하며 명예회복을 꾀했지만 영국 정부에 의해 그의 명예 회복이 이루어진 것은 2013년이었다.

군사 목적의 베이즈 추론과 컴퓨터의 발달은 미국 육군의 포탄 계산을 위한 최초의 튜링 머신 ENIAC을 만들었다. 정보 기술의 진보와 함께 점차 다양한 영역에서 응용이 시도되었다. 군사 목적의 항공사진과 스파이 위성, 암시 카메라에서 촬영된 화상 등의 이미지 해석 기술이 크게 진화했다. 그러다 인터넷 시대에 들어서자 처음으로 민간인도 본격적으로 사용할 수 있는 데이터를 방대하게 모을 수 있게 되었고 검색 엔진인 구글과 물류 회사인 아마존 등 정보를 기반으로 하는 기업이 세계적 규모로 성립하게 되었다.

구글과 아마존은 처음부터 압도적인 볼륨의 투자를 실시, 최대한 많은 유저의 정보를 모아 히트율을 올리는 방법으로 성공했다. 그리고 어렵다고 여겨지던 개인의 취향이나 행동에 대해 다수의 데이터를 바탕으로 맞히지는 못해도 틀리지도 않는 예측을 일반적으로 사용할 수 있게 되었다. 인터넷 시대에 진입하여 막대한 데이터에 액세스할 수 있게 되자 그 방법은 눈 깜짝할 사이에 '글로벌 스탠다드'로서 평가를 받게 되었다. 그러나 아무리 막대한 데이터를 모았다고 해도 시뮬레이션은 시뮬레이션일 뿐 그 타당성은 어떻게 담보될 수 있는 것인가?

예측의 과학의 방법론을 생각할 필요가 있다

많은 성공을 거두어온 베이즈 추론과 데이터에 의한 예측이 실제로 사회에 적용된 순간, 금융 공학을 간판으로 내세웠던 LTCM의 파산과 금융 상품의 리먼 쇼크 파산이 일어났다. 이런 경험들은 데이터에 의한 '예측의 과학'이 어떻게 사용하면 정확성이 높아지고 어떻게 사용하면 터무니없는 착오를 불러일으키는 것인지 검증을 요하게 되었다.

장기 정체 속에서 규제 완화책이 새로운 산업을 자동적으로 만들 것이라는 거짓말이 오히려 팽창된 공적 채무와 경제 정체의 장기화를 불러오자 자의적인 예측이 더욱 빈발하게 사용되게 되었다. 그것이 사태를 더욱 악화시켰고 원전 추진부터 원전 수출, 인플레 타깃론에서 이차원 금융 완화, 법인세 감세로부터 고용 제도의 해체, 특정비밀보호법에서 안전보장 관련법, 그리고 TPP 하는 식으로 정책이 점차 확대된 것이다.

그뿐만이 아니다. 미국 경제를 비롯해 리먼 쇼크 뒤에도 세계 각국은 금융 완화와 초저금리 정책을 반복, 계속해서 다음 버블을 초래하고 있는 상태에 있으며 버블에서 버블로 이어지는 호러 영화 같은(휘발성이 높은) 상태를 유지하고 있다. 그러나 100년에 한 번 꼴로 찾아오는 세계 금융 위기를 거쳐 그리 쉽게 커다란 버블을 일으키지는 못했고, 나타난 것은 미국의 미니 버블에 불과했다. 이미 세계 경제를 이끌 힘이 없는 것이다. 그러는 동안에도 격차 사회라는 현실이 전 세계적으로 확산되고 있다. 새로운 산업 구조와 사회 시스템을 찾아 세계사는 커다란 전환기를 맞이하고 있다는 것은 분명하다.

이 책은 이러한 역사적 상황에 있다는 인식을 기반으로 자연과학과 사회과학의 대화에 기초하여 주기성을 가지고 반복하면서 변해가는 생명과 경제가 악순환의 사이클에 들어갔을 때 어떤 정책과 치료가 필요할 것인가를 생각한다.

먼저 전반부에서는 '일본병'의 원천이 되는 복잡한 대상이 악순환에 들어갈 때의 자연과학 및 사회과학과 유사한 패턴이 되는, 주기적으로 악화하는 현상을 데이터를 통해 살핀다. 후반부에서는 주기성의 배후에 있지만 표면적으로는 알기 힘든 복잡한 시스템 내부에서의 본질적인 메커니즘 모델을 예측한다. 또한 악순환으로부터 피드백을 재기동시켜 경제와 사회를 재건하기 위한 다이내믹스에 의한 예측의 과학적 방법을 제창하고자 한다.

제2장
'일본병'의 증상
—아베노믹스의 실패

1 데이터 의존의 트릭——노이즈에서 아인슈타인

데이터의 자의성

데이터에 의한 예측에 기반했던 금융 공학이 어떻게 리먼 쇼크 같은 이상 사태를 일으킨 것일까? 먼저 데이터의 성질을 살펴보는 일부터 시작하겠다.

경제의 상태를 보면 막대한 데이터가 존재한다. 미리 준비한 자의적인 특정 모델에 따라 이 데이터를 처리하다 보면 자신에게 불리한 데이터는 배제된다. 실패한 사람이 이 특정 모델을 자기 변호용으로 사용하면 실패의 원인은 숨게 되고 보다 심한 실패가 시작된다. 올바른 정책을 선택하기 위해서는 작위적인 필터를 쓰지 않는 일이 최소한의 조건이다. 그러기 위해서는 정보의 공개와 민주주의적 논의가 불가결하다. 실패한 사람은 책임을 피하기 위해 양쪽을 파괴하려고 하기 때문이다.

그런 의미에서 지금 미디어 업계의 최대 터부는 아베노믹스의 실패라고 해도 될 것이다. 2012년 12월의 총선거와 2013년 7월 참의원 선거에서 자민당이 쟁점으로 내세운 것이 바로 아베노믹스였고 2014년 12월 총선거에서도 마찬가지로 "경기 회복을 위해서는 이 방법밖에 없다"라면서 경제 정책을 최대의 쟁점으로 삼았다. 2014년 12월 총선거는 52.66%라는 사상 최저의 투표율을 기록했고 절대 득표율로 보아도 자민당은 소선거구 24%, 비례 대표 16%의 득표로 자민 및 공명 양당이 합쳐 약 7할의 의석을 획득했다. 사람들은 '잃어버린 20년'이 가지고 온 오랜 경제 침체에피곤했으며 야당의 약체화 가운데 아베 정권이 '경제 최우선 정책'을 진행하리라고 생각했기 때문에 아베 정권을 '묵인'했다고 생각하는 것이 자연스러울 것이다. 사실 각종 여론 조사에서는 특정비밀보호법의 제정, 각의 결정에 따른 집단적 자위권의 행사 용인, 원전 재가동 등의 개별 정책에 대해서는 지지하지 않는 쪽이 다수였고 "경기가 회복되었다는 실감이 없다"라는 사람이 대부분을 차지했지만 지금까지의 정부 경제 정책에 '기대한다'는 비율이 비교적 높았기 때문이었다.

이후 알게 되었지만 아베노믹스는 물가 상승률과 경제 성장률의 목표치에 크게 못 미치고 있다. 그럼에도 불구하고 아베 정권은 주가와 유효 구인배율 등 자신에게 유리한 데이터만을 '선전'한다. 그런 한편 아베 정권은 특정비밀보호법을 제정하여 미디어에 압력을 행사하였고, 아베노믹스에 대한 비판을 사실상 터부로 만들었다. TPP 등 국제 교섭도 그 내용은 비밀로 하고 있다. 그 결과 데이터에 근거한 정책 논쟁은 일어나지 않았고 "목표로 가는 도중"이라거나 "지속은 힘이 된다" 등의 말만 미디어에서 반복되고 있다. '세 개의 화살(아베노믹스의 3대 요소로 금융 정책을 통한 양적 완화, 정부의 재정 지출 확대, 공격적인 성장 전략 추진을 말한다―역자 주)'의 실패가 검증되지 않는 것처럼 이번에는 '신新 세 개의 화살'로 바뀌어졌을 뿐 정책의 과오는 증폭되어 돌이킬 수 없게 되었다.

여기까지 이야기한 문제는 경제학만의 문제가 아니라 자연과학 특히 생명과학의 첨단 분야에서도 문제가 된다. 그것은 데이터를 기반으로 예측할 때의 문제이다. 우리가 직면한 문제는 현대 과학에 공통된 문제이기도 하며 아베노믹스가 더 이상 실패하지 않기 위해서는 새로운 과학적 태도와 방법이 필요하기 때문이다.

결정적인 정보가 부족한 '불량 설정 문제'

예측을 할 때 어려운 것은 대답을 하는 데에 결정적인 정보가
부족할 경우다. 튜링의 암호 해독처럼 암호를 만드는 법을 모른
채 막대한 독일군의 무선통신을 엿들어 해독하려는 경우가 바로
그것이다.

과학에서는 종종 이런 일이 있어왔다. 이를 어떻게 다루고 예측
할 것인가에 대해서 전자현미경으로 생물의 단백질을 볼 때의 예
를 들어보겠다. 전자현미경은 작은 물체를 보기 위한 현미경으로
개발되었다. 현미경이 얼마나 작은 물체를 볼 수 있는가는 파장에
좌우된다. 파장이 길면 작은 물체는 보이지 않는다. 전자선은 파
장이 짧은 원자보다 작기 때문에 원자도 볼 수 있는 것이다.

그러나 곤란하게도 파장이 짧으면 에너지가 높아진다. 에너지
가 높아지면 단백질을 태워버린다. 따라서 단백질을 관찰할 때 주
사할 수 있는 전자의 수는 한 회당 그다지 많지 않다. 그런 까닭
에 흐릿한 영상밖에 볼 수 없는 것이다.

그러나 전자현미경으로 보면 무척이나 많은 단백질 이미지를
한 번에 촬영할 수 있다. 그러므로 만약 방향이 같다면 여러 번
찍은 이미지를 중첩함으로써 깨끗한 이미지를 얻을 수가 있다(그림
2-1). 한 번에 20개밖에 전자를 주사할 수 없지만 1,000번을 찍으
면 2만 개의 전자를 주사할 수 있으므로 상당히 해상도가 높아지
는 것이다.

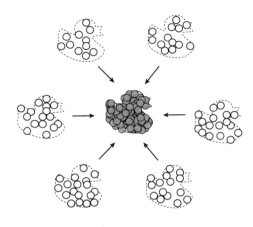

그림 2-1

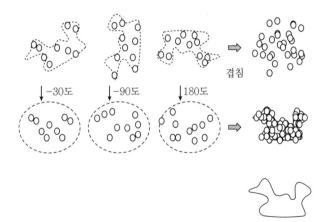

그림 2-2 베이즈 추론에 의한 예측 : 2중적 모호함이 내재하는 문제 풀기
다양한 움직임을 보이는 오리가 있을 때 처음 오리의 형태를 예측하고 촬영한 흐릿한 이
미지가 몇 번 회전하고 있는지 추정한다. 그 각도를 돌린 상태에서 다수의 이미지를 겹치
면 선명한 이미지를 얻을 수 있다. 원래 모델이 어느 정도 맞다면, 데이터의 수가 늘어나
면 거의 원래의 형태를 추정할 수 있다.

그러나 그림 2-2처럼 단백질이 빙글빙글 회전해 각도가 달라지면 중첩을 해도 깨끗한 이미지를 얻을 수 없다. 그림은 평면이고 각도도 평면상 도는 것처럼 그려져 있지만 실제로는 상하, 좌우, 전후로 빙글빙글 회전하기 때문에 이미지를 상정하는 일은 무척이나 어렵다.

이런 '원래의 형태를 알 수 없다'는 사실에 더해 '각도를 알 수 없다'는 이중의 사실을 알 수 없기 때문에 원래 형태를 추정하기 위한 정보가 부족한 일을 '불량 설정 문제'라고 한다.

시장과 생명의 문제 등 우리가 매일 맞부딪히는 문제는 '불량 설정 문제'가 대부분이라고 할 수 있다.

정보 이론의 급속한 진보

애매한 데이터가 많이 있을 때 그런 데이터에서 예측을 통해 정보를 이끌어내는 기술은 급속도로 진보하고 있다. 그러나 '불량 설정 문제'가 있는 예측에는 다양한 오해와 오진이 포함될 때도 있는 까닭에 '고삐 풀린 황소'와 같은 기술이기도 하다.

앞에서 이야기한 것처럼 애매한 정보를 막대한 양으로 모아 그 의미를 밝혀내는 기술은 베이즈 이론에 의해 크게 진보했다. 사전 모델을 만든 뒤 대량의 데이터를 더함으로써 모델을 다시 만드는 방법이 탄생했다. 당초 너무나도 막대한 계산량 때문에 어려울 것이라고 생각되었던 베이즈 추론은 컴퓨터의 연산 능력 진보와 함께 복잡한 암호까지 푸는 기술로 급속도로 진보했다.

복잡한 시스템은 다중적인 메커니즘 예측이 필요하며 실제적인 예측이 불가능한 것 아닌가 하는 비판이 『역시스템학』에 실려 있다. 그렇지만 데이터에 의한 추론은 중복되는 메커니즘을 거꾸로 예측하는 방법을 만들어내고 있다.

단백질을 얼려서 전자현미경으로 많은 이미지를 찍은 뒤 베이즈 추론으로 원래의 구조를 예측하는 방법이 개발되었다. 먼저 기본이 되는 구조의 모델을 지금까지의 경험으로 만들고 거기에 하나하나의 데이터를 비교해 회전 각도를 예측한다. 그러한 작업을 수업이 반복해 선명한 상을 얻는 것이다. 그림 2-2에서 설명한 것처럼 오리 모습을 전자현미경으로 본다고 하자. 먼저 오리의 형태를 상상할 수 있다면 회전한 각도는 비교적 정확하게 추정할 수 있다. 거기에 회전한 결과를 계속 수없이 더하면 선명한 오리 이미지를 얻을 수 있다.

베이즈 추론의 결과 원자 레벨의 구조를 볼 수 있었다고 하는 보고가 이어졌다. 단백질의 원자 레벨 구조는 약의 개발에 도움이 된다. 지금까지는 결정 구조 해석이라고 하는 시간과 비용이 많이 드는 방법이 아니면 단백질의 원자 레벨 구조는 알 수 없었다. 그것을 전자현미경으로 알 수 있게 되면 신약 제조법에 혁명이 일어나게 될 것이다.

빅 데이터로 예측을 조작하는 사람이 등장

그렇지만 심각한 문제가 일어났다. 빅 데이터라고 하는 막대한 데이터를 취급할 때 말도 안 되는 '예측'을 만들어내는 사람이 나타난 것이다. '노이즈에서 아인슈타인 사건'이라는 예가 있다.

전자현미경은 엄청나게 많은 단백질 입자를 볼 수가 있다. 그래서 많은 전자현미경 영상을 찍은 뒤 그 몇백만 개라고 하는 단백질 이미지 중에서 노이즈가 아닌 추론에 사용할 수만 개를 고른다. 이 프로세스에서 최초의 모델이 이상하면 이상한 결과가 얼마든지 나타나는 것이다.

전자현미경을 이용한 분야에서 리더 격이라 할 수 있는 케임브리지대학의 리처드 헨드슨은 하버드대학의 마오의 업적을 비판하는 논문을 미국학사원 회보에 발표했다. 마오 교수 등은 에이즈의 원인이 되는 바이러스에 대해 전자현미경을 이용해 새로운 구조를 발견했다고 보고한 바 있었다. 그러나 헨드슨은 마오의 논문을 자세히 살펴보면 자신의 결론에 맞는 필터를 만들어 그것을 통과시킨 이미지만 모았다고 비판한 것이다. 그리고 '아인슈타인의 얼굴'을 닮은 이미지만 모으는 필터를 만들어 마오가 찍은 전자현미경 데이터에서 아인슈타인의 얼굴과 똑같은 모습이 예측된다는 사실을 실제로 시연해 보였다.

이 트릭의 구조는 다음과 같다. 원래 3차원인 단백질은 다양한 방향으로 존재한다. 거기에 전자선을 주사해 투과한 전자선을 기록하여 2차원 이미지를 만들면 정보는 1차원 분만큼 줄어든다. 그리고 필터를 씌워 막대한 수의 이미지로부터 자신이 원하는 데이터만 모아 3차원 모습을 추정하면 얼마든지 자신이 원하는 방향으로 이끌 수 있다. 빅 데이터를 사용할 때는 데이터가 이상한 필터의 영향을 받지 않았는지 확인할 필요가 있다.

그리하여 현재 전자현미경 논문에서는 단백질의 이미지를 두 무리로 나누어, 베이즈 추론으로 각각 계산해 얻은 구조의 예측이

서로 얼마나 다른지를 계산한다. 두 개가 상당한 비율로 일치하여
야만 비로소 베이즈 추론으로 유효성을 가지게 되는 것이다. 이
결과 두 군으로 나누어도 일치하지 않는 경우는 아직 데이터가 부
족하다는 사실을 의미한다. 데이터에 의한 예측의 '고삐 풀린 황
소'는 검증을 통해 통제하는 일이 필수인 것이다.

현장 데이터의 품질과 공개가 더하는 무게감

리먼 쇼크의 원인이 된 금융 상품에서는 데이터에 의한 예측이
리스크를 숨기기 위해 이용되었다. 전자현미경으로 단백질을 보는
방법의 개발자인 헨드슨 등은 빅 데이터를 취급할 경우 정보의 차
원을 줄이기 위해 정보를 줄일 수밖에 없지만 샘플의 품질과 노이
즈를 줄이는 노력이 예측의 정밀도를 올린다고 주장했다.

데이터를 얻는 현장에서의 품질 관리가 중요하다. 그것은 데이
터를 얻은 후의 정보 처리로서는 개선이 되지 않는다. 바이어스
bias(편견, 편향)를 피하기 위해 최종적으로 필요한 것은 최초 데이터
의 공개. 문제가 된 하버드대학 논문에서는 원래 화상 데이터가
있었기 때문에 노이즈에서 아인슈타인을 닮은 이미지만 고른 것
과 같은 종류의 잘못을 명확하게 지적할 수 있었고 중요한 교훈을
얻게 되었다. 그러나 리먼 쇼크 같은 경우 금융 공학 상품은 서로
다른 리스크를 가지고 있는 수많은 부채를 다수 모은 탓에 원 부
채의 리스크를 체크 못 하는 일이 아무렇지 않게 이루어졌다. 그
때문에 한번 금융 쇼크가 발생하면 모든 금융 상품이 의혹의 대상
이 되었고 투자은행 베어스턴스의 파산이 리먼 브라더스에게 영

향을 주면서 눈 깜짝할 사이에 전 세계로 확산된 것이었다.

원전 사고에서도 방사성 물질이 누출되었을 때 방사성 물질을 포함한 공기의 흐름을 예측하는 SPEEDI(긴급시 신속 방사능 영향 예측 네트워크 시스템)의 데이터는 주민에게 공개되지 않았다. 안전보장 측면에서도 '특정비밀보호법'을 먼저 결정하고 정보 공개는 되지 않은 채 안전보장 관련법의 심의가 이루어졌다. 당초 '호르무즈 해협의 기뢰 봉쇄' 등이 제안 이유로 일컬어졌다. 그러나 이란의 핵 협의의 진전이 있자 그런 가능성은 검토하고 있지 않다고 발뺌을 했다. TPP에서도 교섭 내용은 국민에게 공개되지 않아 찬성이냐 반대냐 하는 논의조차 못한 채 강행되고 말았다.

이상과 같이 사람들이 이해하기 어려운 복잡한 현상이 일어나고 많은 데이터가 있으면, 데이터의 부족, 잘못된 모델과 자의적인 데이터의 선택 등의 문제가 일어나기 쉽다. 그런 까닭에 사람의 예측을 자신에게 유리하도록 유도하려는 사람은 다양한 이유를 만들어 정보를 숨기려고 한다.

과연 아베노믹스에서 정보는 어떤 식으로 전해지고 있는 것일까?

2 최대의 터부──배제되는 데이터

목표치와는 상당한 격차

아베노믹스 최대의 특징은 '첫 번째 화살'인 이차원 금융 완화다. 2013년 4월 구로다 하루히코黑田東彦 일본은행 총재는 국채 등을 대량으로 매입하여 베이스 머니(본원통화)를 138조 엔에서 270조 엔으로 늘림으로써 2년 후 소비자물가 상승률 2%와 명목 경제 성장률 3% 이상(실질 경제 성장률로 1% 이상)을 실현하겠다는 목표를 내세웠다. 그러나 2014년도 소비자물가 상승률(신선식품 제외)은 2.8%로 소비세 증세의 영향분을 제외하면 0.8%의 상승에 그쳤다. 수입물가의 영향이 강한 식재료와 에너지를 제외하면 소비자물가 상승률은 2.2%, 소비세 증세의 영향분을 제외하면 0.2%에 그쳤다. 이렇게 보아도 물가 상승은 거의 소비세와 엔저에 따른 수입 물가의 상승이 이끌었다는 것을 알 수 있다. 한편 2014년도 실질 경제 성장률은 마이너스 0.9%였다. 2015년 4~6월기 실질 경제 성장률도 마이너스 0.3%였다. 7~9월기는 2분기 만에 0.3% 플러스가 되었으나 0% 근방에 머물렀다. 2년에 걸쳐 실시된 아베노믹스는 명확히 실패였다. 이와다 기쿠오岩田規久男 일본은행 부총재는 물가 목표 2%를 달성하지 못하면 사임하겠다고 장담했지만 사임할 기색은 보이지 않는다.

그뿐 아니라 베이스 머니는 2년 동안 목표였던 270조 엔을 넘어가도 2%의 물가 상승이라는 목표로부터는 먼 상태로 80조 엔의 추가 금융완화가 실시되었다. 그것도 2015년도 물가 목표는 2%→1%→0.8%→0.7%→0.1%로 계속 낮아졌고 2016년도도 1.9%→1.4%로 큰 폭으로 하향 수정되었다. 사실 2015년 7월의 소비자물가 상승률(신선식품 제외)은 드디어 0%가 되었고 8월부터 10월까지 연속 3개월 마이너스 0.1%를 기록했다. 2015년 11월 국내 기업물가는 전년 동월비 마이너스 3.6%로 8개월 연속 하락이 계속되었다. 아베노믹스는 처음 제시했던 목표에서 점점 더 멀어져간 것이다.

이것이 민주당 정권이었다면 미디어는 집중포화를 퍼부었을 것이다. 미디어가 비판하지 않는 것은 아베 정권에 의한 미디어 압력도 있지만 스폰서인 대기업이 눈앞의 수익을 확대하는 면이 큰 요인이라고 여겨진다. 실제로 일본은행의 금융 완화는 엔저와 주가 상승을 가져왔고 아베 정권은 법인세 감세를 실시했고 노동자 파견법을 '개정'했으며 화이트칼라 이그젬션white collar exemption(사무직근로자 근로시간규제 적용제외제도-역자 주)을 실시하려고 하고 있다. 그 결과 실질 경제 성장률은 마이너스인데도 대기업은 사상 최대익을 올리는 파행적인 사태에 빠진 것이다.

시세 조작의 검증

처음부터 아베노믹스를 뒷받침해온 것은 인플레 타깃론이었다. 앞에서도 말한 것처럼 일본은행이 물가 목표 2%를 세우고 이차원적인 대규모 금융 완화책을 쓰면 물가가 상승할 것이라는 사람들의 기대감이 높아지면서 소비가 늘 것이라는 논리다. 혹은 당초에는 기업의 이익이 선행하더라도 결국 그 이익은 트리클 다운이 이루어지면서 종업원의 고용과 소득이 늘어나고 역시 소비의 증가가 발생할 것이라는 생각이었다.

그러나 앞에서 살핀 것처럼 현실에서는 그렇게 이루어지지 않았다. 애당초 중앙은행이 목표를 세우고 베이스 머니를 늘리는 것만으로 사람들의 물가 상승 기대감이 높아질까? 만약 물가가 상승하리라는 기대가 일어난다고 해도 안정된 고용과 소득의 증가가 없으면 혹은 장래에 대한 불안이 사라지지 않으면 수요가 증가하고 물가가 오르는 환경은 나오지 않는다. 뒤에서 살펴겠지만 실제 대기업의 내부유보만 늘어날 뿐 트리클 다운은 일어나지 않았다.

결국 지표(머니 서플라이)를 조작해 '기대'를 형성시키려고 해도 이미 몇 번이나 있었던 버블을 경험한 사람들은 '경계'심을 가질 뿐이다. 그런 까닭에 스스로 '지표'를 조작하지 않으면 안 되었다. 정부와 일본은행은 주가를 올리는 일에 모든 힘을 쏟아 '경기'가 좋아질 것이라는 '기대'를 키우려고 한다. 실제로 닛케이 평균주가는 아베 정권이 성립된 2012년 12월 말에 1만 395엔이었지만 2015년 7월 21일에는 2만 841엔까지 올랐고 중국 상하이 주식시장에서 버블이 붕괴되었음에도 불구하고 2015년 11월 말 시점에도 1만 9천 엔대의 수준을 유지하고 있다.

문제는 주가가 내려가기 시작하면 일본은행이 ETF(지수연동형 상장투자신탁 수익권)를 구입하여 주가 전반의 인상을 꾀하고 또 GPIF(연금적립금관리운용 독립행정법인)과 세 군데 공제연금의 자금이 투입되는 조작이 계속 반복된다. 이렇게 아베노믹스는 주가만 임금과 소비에 비해 높은 상황이 만들어진 것이다.

일본은행도 2015년 11월 20일 단계에서 ETF를 약 6조 4,500억 엔 구입했다. 2015년에 들어와서도 주가가 하락하자 일본은행은 거의 자동적으로 300억 엔이 넘는 ETF를 구입, 주가 전체를 끌어올렸으며 연금기금이 주식을 구입하는 개입이 계속되고 있다.

2013년 11월 아베 신조安倍晋三 내각의 유식자 회의(좌장 : 이토 다카토시伊藤隆敏 도쿄대학 대학원 교수)는 GPIF와 세 군데 공제연금에 국내채 편중에 대한 재검토와 리스크 자산의 확대로 수익을 향상시킬 것을 제언했다. 이에 GPIF는 2014년 10월 말 국내 주식의 운용 비율을 25%로 올리기로 결정, 그 결과 동년 6월 말 운용 비율 18.23%(약 23.9조 엔)에서 2015년 6월 말 시점에는 23.39%(약 33조 엔)가 되었다. 국가공무원공제조합연합회(KKR)은 2013년 12월 국내채를 80%에서 74%로 내렸고 2015년 2월에는 국내 주식에 대한 투자를 세 배 이상으로 늘리겠다고 발표했다. 다른 공제연금도 마찬가지다. 2014년 연말 시점에 KKR과 지방공무원공제조합연합회, 일본사립학교진흥·공제사업단 등 세 군데 공제연금은 국내 주식에 모두 합쳐 3.6조 엔을 추가 투입하기로 했다. 그 뒤에도 연금기금에 의한 주식 구입은 계속 늘어나고 있다.

연금 재정 파탄의 은폐

왜 GPIF 등 공제연금을 이용하여 주식 구입을 할 수밖에 없었을까?

우선 무엇보다도 금융자본주의에서 경기 순환은 버블과 버블의 붕괴를 반복하는 '버블 순환'으로 변질되는 까닭에 주가의 상승은 '경기가 상승할 것'이라는 기대를 가지게 된다. 동시에 금융자본주의는 기업 자체의 매매를 일상화시킨다. 주가가 유지되지 않으면 매수 대상이 되기 쉬워지므로 경영자는 주가 상승을 환영하게 된다. 그런 까닭에 1990년대 후반 이후부터 점차 주가의 동향이 내각 지지율과 연동하게 되었다(가네코 마사루 「자본주의의 극복資本主義の 克服」, 2015년, 135~138쪽 참조). 게다가 아베노믹스는 앞에서 살펴본 것처럼 정책의 실패가 표면화되고 있는 탓에 그 사실을 숨기기 위해

정권에 있어서 주가 상승이 자기목적화 되고 말았다. 그리고 아베노믹스의 실패가 연금과 일본은행에 의한 막대한 자금 투입을 초래, 주식 시장은 국가신용에 의존하는 '관제 시세'가 된 것이다.

그러나 그것은 동시에 아베노믹스의 실패의 연쇄라고 하는 측면을 가지고 있는 사실에 주의하지 않으면 안 된다.

먼저 비정상적인 금융 완화 정책에 의해 엔화가 떨어지면 외국인 투자가에게 있어 일본의 주식이 하락한 것이 된다. 연금기금의 일부를 외자계 금융기관에 위탁하는 일을 포함해 국내 자금을 사용해 주가를 유지하지 않으면 단숨에 주가가 떨어지게 된다. 거기에 미국의 FRB(연방준비제도이사회)가 제로 금리 정책의 탈출을 엿보는(2015년 12월 16일, 금리 인상을 발표) 상황에서는 엔저 및 신흥국의 경제 감속→주가 폭락의 위험이 끊임없이 제기되고 있었던 탓에 이런 위약의 투여는 점점 더 강화되었다.

다음으로 이상한 금융 완화책이 효과를 보지 못하고 더욱더 계속되는 바람에 국채 금리가 무척이나 낮아지게 되었고 연금기금의 운용 이율을 확보할 수 없게 되었다. 주식으로 운용익을 올려 운용 이율을 올릴 필요가 발생했다.

연금은, 운용 이율에 해당하는 장기 금리와 급부 수준에 관계하는 임금 상승률이 장래의 연금수지를 크게 좌우한다. 일반적으로 경제 성장률이 높고 장기 금리가 높으면 높을수록 운용익이 올라가고 임금 상승률이 높으면 높을수록 보험료 수입이 증가, 연금 재정이 개선되는 경향을 띤다. 지난 2009년 연금 계획 전망 시 국가는 운용 이율 4.1%, 임금 상승률 2.5%라는 전제를 한 바 있으나 그것이 비현실적이라고 비판받았다.

표 2-1 연금 재정 검증의 경제 전제(2014년 3월)

		장래의 경제 상황에 대한 가정	
		노동력률	총요소 생산성 (TFP) 상승률
케이스 A	내각부 시산 '경제 재생 케이	노동 시장에 참가	1.8%
케이스 B	스'에 접속하는 경우	가 진전된 케이스	1.6%
케이스 C			1.4%
케이스 D			1.2%
케이스 E			1.0%
케이스 F	내각부 시산 '참고 케이스'에	노동 시장에 참가	1.0%
케이스 G	접속하는 경우	가 진전되지 않은	0.7%
케이스 H		케이스	0.5%

출처 : 후생노동성 '국민연금 및 후생연금에 관련된 재정의 현황 및 전망'

2014년 3월 12일 후생노동성의 사회보장심의회에서 연금 재정 검증의 경제 전제가 공표되었다(표 2-1). 그 표를 보면 이전과 달리 여덟 개의 케이스로 나뉘어져 있다. 그중 중간쯤에 있는 2009년 연금 재정 검증 조건에 가까운 케이스 E로 살펴보면 우선 임금 상승률은 (명목 임금 상승률은 2.5%로 2009년의 연금 재정 검증과 동일했지만) 실질 임금 상승률이 1.3%로 2009년 연금 재정 검증의 1.5%보다 낮다.

그러나 현실적으로는 여전히 예상이 너무 긍정적이다. 이 기간의 실질 임금의 움직임을 보면 2015년 6월까지 26개월 연속해서 하락했고 마이너스를 계속 이어갔다. 일본의 연금 제도는 사실상 현역 세대의 보험료로 퇴직 세대의 연금 급부를 지탱하는 부과 방식이므로 연금 보험료 수입이 오르지 않으면 연금의 재정은 악화

경제 전제				참고
물가 상승률	임금 상승률 [실질(물가 대비)]	운용 이율		경제 성장률 [실질(물가 대비)] 2024년도 이후 20~30년
		실질 (물가 대비)	스프레드 (물가 대비)	
2.0%	2.3%	3.4%	1.1%	1.4%
1.8%	2.1%	3.3%	1.2%	1.1%
1.6%	1.8%	3.2%	1.4%	0.9%
1.4%	1.6%	3.1%	1.5%	0.6%
1.2%	1.3%	3.0%	1.7%	0.4%
1.2%	1.3%	2.8%	1.5%	0.1%
0.9%	1.0%	2.2%	1.2%	−0.2%
0.6%	0.7%	1.7%	1.0%	−0.4%

——2014년도 연금 재정 검증 결과

될 수밖에 없다. 그러므로 물가 상승률의 9할을 급부 수준에 카운터하지 않는 매크로 슬라이드 방식을 채택하여 연금급부를 낮추는 일이 더욱더 필요해지는 것이다.

그러다면 물가 상승률은 어떻게 전망하는 것일까? 물가 상승률은 1.2%로 2009년 재정 검증의 1%보다 높다. 내각부가 2015년 7월 발표한 '중장기 경제 재정에 관련된 시산'에 따르면 소비자 물가 상승률은 2014년에는 2.9%, 2015년에는 0.6%, 2017년에는 3.1%, 2018년 이후는 2.0%가 될 것이라고 전망하고 있다. 그러나 앞에서 이야기한 것처럼 실제로 물가가 오른 것은 수입 물가와 소비세분이 중심이 되었던 것으로 그 부분을 제외하면 물가는 거의 오르지 않은 셈이 된다. 실제로 2015년에 들어와 소비자 물가 상승률은 다시 마이너스가 되었고 일본은행도 2015년도 물가 상승률 목표를 0.1%까지 내렸다. 그렇게 되면 매크로 슬라이드 방식으로 물가 상승분 9할을 카운트하지 않음으로써 연금급부를 실질적으로 낮춰간다는 효과가 없어지게 되고 연금 재정은 악화된다.

게다가 이번의 운용 이율은 명목 운용 이율 4.2%로, 낙관적이라고 비판을 받았던 2009년의 연금 재정 계산보다도 0.1포인트 더 높다. 그러나 현실적으로는 이차원적 금융 완화책에서 좀처럼 빠져나오지 못하고 금리가 비정상적일 만큼 낮은 그대로이다. 사실 장기 금리인 10년 만기 국채의 이율은 0.3~0.5% 정도의 낮은 수준에 머물고 있는 상태. 언젠가 성장 궤도를 타고 물기가 높아지면 장기 금리도 저절로 올라갈 것이라는 전망이 지나치게 낙관적인 것은 분명했다. 이래서는 연금기금의 적립금의 운용 수입도 올라가지 않는다.

아베노믹스의 2년간의 결과를 보면 모든 것이 연금 재정에 있어 마이너스적인 요인이 되고 있다. 실질 임금 상승률은 마이너스로 전망과 큰 차이가 있는 만큼 보험 수수료는 줄어들고 물가 상승률은 올라가지 않아 매크로 슬라이드 방식의 효과가 나타나지 않았다. 더구나 일본은행이 양적 금융 완화를 계속할 수밖에 없었으며 장기 금리가 여의치 않은 탓에 운용 이율도 오르지 않았기 때문이다.

즉 아베노믹스의 실패가 연금 재정을 압박하는 탓에 그 마이너스를 보충하기 위해 주식에 손을 댈 수밖에 없었고 당면한 운용 이율을 확보하려는 측면이 있다고 할 수 있다. 그러나 장기적이고 안정적인 운영익 전망을 세우지 못하면 연금 재정의 전망은 성립되지 않는다. 즉 연금 재정은 주가에 따라 운용 이윤이 크게 좌우되게 되고 장래의 보험료 및 급부의 '적정' 수준을 판단할 수 없게 된다. 실제로 중국주의 폭락에 따른 주가 하락으로 2015년 7~9월기 GPIF는 약 8조 엔이나 되는 손실이 발생했다. 아베 정권은 자신들의 정치적 목적을 위해 국민의 재산인 연금을 사용했고 리스크가 높은 주식에 투입함으로써 연금 재정의 불안정을 초래한 것이다.

외자계 기업화되는 일본 기업

'관제 시세'에 의한 주가 상승이라고 하는 플라시보(위약)는 실체 경제를 바람직한 방향으로 이끌지 않는다. 주식 시세의 가격 폭 조정 기능이 작동하지 않게 되어 주식 시장은 그리스 위기라든가 중국의 버블 경제 붕괴 등의 외부 쇼크에 무척이나 약해지게 된다. 특히 '관제 시세'의 지원을 받은 외자계 금융기관을 포함한 외

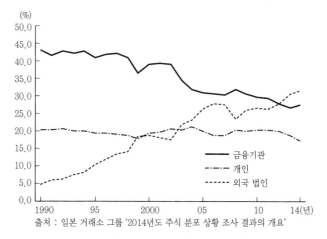

출처 : 일본 거래소 그룹 '2014년도 주식 분포 상황 조사 결과의 개요'

그림 2-3 주식 시장에서의 보유 비율

국인 투자가의 비율이 급상승하기 때문이다.

앞에서 말한 것처럼 금융 완화는 엔저를 가져왔지만 외국인 투자가에게 있어 엔저는 주가 하락을 의미한다. 미국의 제로 금리 해제로 엔저가 된 것이므로 연금을 투입해 높은 주가를 연출할 수밖에 없다. 문제는 이런 주가 인상 정책에 의해 외국인 투자가의 주식 보유 비율이 높아졌다는 것이다. 그림 2-3을 살펴보자.

'글로벌리제이션globalization(국제화)'이 시작된 1990년대 이후 은행을 중심으로 한 그룹 기업의 주식 상호 보유를 해소하고 일본형 기업 집단을 해체하는 일이 '개혁'이라고 일컬어졌다. 그 때문에 국제 회계 기준이 도입되었고 기업이 보유하는 주식 등 금융 자산을 구입 시의 장부가로 평가하는 회계 방식에서 그때의 시장 가격으로 평가하는 시가회계주의가 도입되었다. 불량 채권 처리 실패를 배경으로 은행과 기업은 보유 주식을 처분했다. 그와는 반대로 외국인 주주가 보유하는 비율은 높아졌다. 외국인 주주의 보유 비율은 고이즈미 정권기에 비약적으로 높아져 20%대까지 올라갔다. 그 뒤에도 외국인 주주의 보유 비율은 계속 상승하였으며 아베노믹스가 시작되자 30%를 돌파, 2014년도에는 31.7%에 이르렀다. 매매에서 차지하는 외국인 비율은 60%를 넘고 있을 만큼 일본의 주식 시장은 외국인 투자가가 석권하고 있다. '관제 시세'가 외국인 투자가의 먹잇감이 되는 이유는 일본은행과 연금기금의 개입으로 시세를 파악하여 주가를 올린 뒤 되파는 일이 비교적 쉬워졌기 때문이다. 그에 비해 일본의 개인 투자가의 보유율은 불과 17%에 지나지 않는다.

외국인 투자가의 비중이 높아지는 것과 함께 외국인 주주에 의한 일본 기업의 지배가 강화되고 있다. 경제산업성이 내린 정의로는 외국인의 보유 비율이 3분의 1이 넘는 기업을 '외자계 기업'이라고 하는데, 유명한 대기업은 이미 '외자계 기업'이 된 상태이다.

외국인 주주가 4할이 넘는 주요 '외자계 기업'을 들어보면 금융기관에서는 미쓰이스미토모三井住友FG, 리소나홀딩스, 다이이치第一생명, 도교해상일동東京海上日動, 손보재팬일본흥아損保ジャパン日本興亜, 부동산 및 건설에서는 미쓰이三井부동산, 미쓰비시지쇼三菱地所, 제조업에서는 닛산日産자동차, 스즈키, 코마쓰, 히타치日立제작소, 소니, 퍼낙, 구리타栗田공업, 오무론, 스미토모住友중기, 무라타村田제작소, 닌텐도任天堂, 코니카미놀타, 주가이中外제약, 아스테라스제약, 그 외에도 오릭스와 세콤 등이 '외자계 기업'이 된 상태이다. 모두 유명한 대기업이다.

이처럼 연금기금을 주식 시장에 투입하고 일본은행이 ETF와 REIT(부동산 투자신탁 회사)로 주식 시장과 부동산 시장(특히 도심)을 지탱하는 동안 'Buy Japan'이라는 구호 아래 우량 기업이 외국인 주주에게 매수된 것이다.

참고로 2015년 5월에는 도요타자동차가, 5년간 못 파는 대신 '원금'을 보증하는 'AA형 종류 주식'이라고 하는 개인 투자가를 대상으로 하는 특수주를 최대 5,000억 엔 발행하겠다는 계획을 내어놓으며 화제가 되었지만 그 배경에는 도요타도 외국인 투자가의 주식 보유 비율이 3할을 넘은 사실이 있었다. 외자계 금융기관 등에서 컴플라이언스가 저하한다는 비판이 일었지만 단기적으로 이익을 추구하는 경영이 아니라 서플라이 체인과 종업원을 길러온 '일본형 경영'의 장점을 유지하는 일을 생각하면 싸잡아서 비판할 수는 없다. 그렇다고 해도 내부유보를 풀어서 하청 기업이나 종업원에 대한 배분을 늘리지 않는다면 이러한 특수주의 발행은 이해될 수 없다. 이처럼 '관제 시세'를 배경으로 한 외국인 투자가 비중의 증가는 다시 한 번 기업은 누구의 것인가 하는 문제를 일으켰다.

이것이 1990년대 중반 버블 붕괴 이후 '글로벌리제이션'이라는 이름으로 추진된 정책의 귀결이다. 아베 수상의 '일본 되찾기'라는 슬로건에 비유하자면 아베노믹스는 '일본 팔아넘기기' 정책이라고 할 수 있다.

내부유보와 배당의 팽창

보다 근본적인 문제는 아베노믹스가 일본 경제에 대해 이차원적인 금융 완화라는 마취약을 대량으로 주사하는 사이에 장기 정체에서 장기 쇠퇴로 들어섰다는 사실이다. 그렇다면 어떤 쇠퇴 메커니즘이 작동되었는지 냉정하게 분석해보자.

우선 무엇보다 금융자본주의하에서의 기업 행동의 변화가 컸다. 기업 주체의 행동 변화는 일반적인 경제학에서는 그다지 논의되지 않는다. 신고전파에 이르러서야 기업의 내부 구조가 논의되게 되었지만 그것은 기껏해야 프린시펄 에이전트principal agent 관계 (주인이 대리인에게 업무의 실행이나 서비스의 제공을 의뢰하는 관계—역자 주)에서 주주와 경영자 사이의 '게임'으로 그려진 것에 불과했다.

기업이라는 주체는 '구속받는 규칙' 아래 주체적이고 합리적으로 움직인다. 달러와 자금의 연계가 끊어지고 금융 자유화가 추진된 이후 계속 새로운 금융 상품이 만들어지고 전 세계를 투기 머니가 왕래하면서 세계는 금융적 이해利害를 축으로 움직이는 금융자본주의가 되었다. 금융자본주의는 경기 순환을 버블과 버블의 붕괴가 반복되는 '버블 순환'으로 바꾸는 한편, 기업 자체도 매매의 대상으로 삼는다. 일본 역시 버블 붕괴 뒤 이러한 금융자본주의의 규칙을 글로벌리제이션이라는 이름으로 받아들였다. 국제 회계 기준과 BIS 규제(바젤 규제)가 도입되었고 그것이 새로운 '구속받는 규칙'이 되어 기업과 금융기관의 선택과 행동을 제약하였다.

일단 국제 회계 기준에서는 프리 캐시 플로가 중요시되므로 기업은 거액의 프리 캐시 플로를 가지고 있지 않으면 자사의 주가를 유지할 수 없게 되었다. 주가를 유지하지 못하면 매수의 대상이 되기 쉽기 때문이다. 기업이 캐시 플로를 가지고 있으면 반대로 다른 기업을 매수하기 쉬워진다. 주식의 상호 보유에 기초를 둔 일본형 기업 집단을 대신해 지주회사 방식이 보급되었고 '선택과 집중'이라는 이름으로 채산이 맞지 않는 부분은 잘라내 매각하고 부족한 부분은 내부유보를 통해 매수하는 단기 이익 우선의 미국형 경영이 보급되었다.

그리하여 기업들은 내부유보를 부지런히 실행하였으며 디플레 상태에서 국내 시장에 설비 투자를 하지 않게 되자 그런 일은 더욱 가속되었다. 법인 기업 통계에서 본 내부유보(이익잉여금)는 2012년도에 300조 엔을 넘었고 2013년도는 약 328조 엔, 2014년도에는 약 354조 엔까지 팽창되었다. 내부유보의 내역을 보면 현금·예금보다도 유가증권 등이 증가했다. 아베 정권의 주가 끌어올리기 정책이 점점 기업의 내부유보를 팽창시킨 것이다. 게다가 배당을 늘

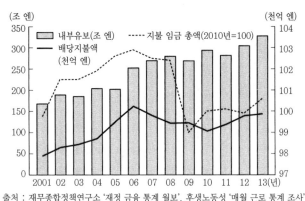

출처 : 재무종합정책연구소 '재정 금융 통계 월보', 후생노동성 '매월 근로 통계 조사'

그림 2-4 상장 기업의 내부유보, 배당지불액, 지불 임금 총액의 추이

리지 않으면 외국인 투자가로부터 외면을 받고 자사의 주가도 유지할 수 없다. 그로 인해 2014년도에 기업은 순이익의 약 4할에 해당하는 13조 엔이나 주주 환원을 이루었다.

게다가 당기 순이익을 자기 자본으로 나눈 자기 자본 이익률ROE을 높이려고 노력한 결과 기업이 지불하는 임금 총액은 억제되었고 노동 분배율도 계속 저하되면서 고용의 비정규화까지 진전되었다. 실제로 현금 급여 총액 및 보너스는 1990년대 이후 하락을 계속했지만 2010년 일단 플러스로 전환되어 평형을 유지하거나 완만하게 상승을 보였다. 그러나 아베노믹스가 실시된 이후 임금은 수입 물가의 상승과 소비세 증세를 따라가지 못했으며 2015년 6월까지 실질 임금 지수는 26개월 연속 마이너스를 기록했다. 이런 상황 아래 아베 정권은 법인세의 세율을 인하하여 인건비를 억제할 수 있도록 노동법을 바꾸는 등 기업의 이익이 커지는 정책을 계속해서 내놓고 있다.

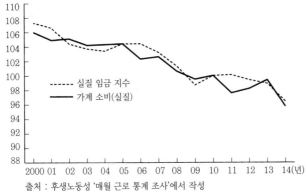

출처 : 후생노동성 '매월 근로 통계 조사'에서 작성
단위 : 2010년을 100으로 함

그림 2-5 실질 임금과 가계 소비의 추이

실질 임금의 저하는 가계 소비의 감소를 가져왔다. 소비세를 증세하기 전 있었던 반짝 수요가 예외적으로 가계 소비의 증가를 가져왔을 뿐 그림 2-5에서 나타나는 것처럼 일관되게 가계 소비의 감소 경향이 이어지고 있다. 버블 붕괴 뒤 고용 유동화 정책이 취해지면서 젊은이를 중심으로 비정규 고용이 확대되고, 지불 임금 총액이 계속 억제되고 사회보장비를 삭감하는 정책이 취해지는 등 장래에 대한 불안감이 높아지는 상황에서는 당연한 결과라고 할 수 있다.

아무리 대기업이 사상 최대익을 올리고 주가가 높다고 하더라도 트리클 다운은 일어나지 않는다. 그로 인해 가계 소비는 저하되고 수요가 이끄는 물가 상승은 일어나지 않았다. 일어나는 것은 소비세 증세의 영향과 엔저 현상에 동반되는 수입 물가의 상승뿐인 것이다. 또한 고용 유동화에 따른 젊은이들의 비정규 노동자화는 젊은이들의 결혼과 출산을 가로막는 상황을 낳았고 저출산 및 고령화를 가속시키는 단계에까지 이르렀다.

이렇게 국내 시장이 고사되는 상황에서 대기업은 국내에 투자를 하지 않고 외국 기업을 매수하는 M&A만 빈번하게 행해 지금은 외국 투자로 수익을 올리고 있다. 한편 엔저 현상에 따라오는 수입 물가 상승 때문에 수입 원자재에 의존하는 국내 시장을 상대하는 중소기업은 경영에 압박을 받고 있다. 이러한 일들이 대기업이 사상 최대익을 갱신하고 있음에도 불구하고 지방 경제를 중심으로 쇠퇴가 일어나는 배경인 것이다.

지금까지 살핀 것처럼 금융 위기에 대한 처방책으로 내놓은 인플레 타깃론은 글로벌리즘이라는 미명 아래 일어나지도 않을 트리클 다운이라고 하는 '가설'을 그야말로 경험하게 될 사실인 것처럼 보여준 일종의 허구에 불과한 것이었다.

상습화된 무역 적자

아베노믹스라고 하는 플라시보 경제 정책으로 인해 일본 기업의 국제 경쟁력 저하에 제동이 걸리지 않는 현상은 더욱 큰 문제이다. 실제로 무역 적자의 확대가 그 사실을 상징한다. 그림 2-6에서 알 수 있듯이 아베노믹스 이후 엔저 현상이 급속도로 진행되고 있음에도 불구하고 무역 적자는 계속 확대되고 있다.

신흥국의 불황과 함께 2014년 봄 이후 원유와 가스의 가격이 하락하면서 그 폭은 축소되었지만 여전히 무역 적자는 이어지고 있다. 예전에는 엔저가 되면 수출이 증가하고 지방 공장에 발주가 들

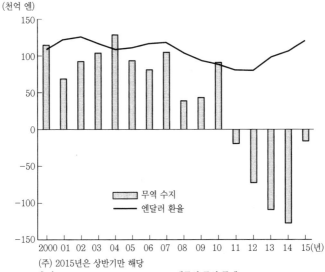

(천억 엔)

(주) 2015년은 상반기만 해당
출처 : principal Global Indicators, 재무성 무역 통계
단위 : 무역 수지는 100만 달러

그림 2-6 엔달러 환율 및 무역 적자 그래프

어가면서 전국적으로 경기가 확대되는 프로세스가 존재했다. 그러나 지금은 공장이 아시아를 중심으로 해외에 이전한 까닭에 이러한 프로세스가 일어나지 않는다.

　필자 등이 『신흥쇠퇴국 일본新興衰退国ニッポン』(고단샤講談社, 2010년)에서 밝힌 것처럼 고이즈미 내각의 '구조 개혁' 노선은 과거 세계 유수의 점유율을 자랑했던 반도체, 슈퍼 컴퓨터, 액정 패널, 액정 TV, 휴대용 음악 플레이어, 태양광 패널 등 일본 제품의 경쟁력을 잃게 만들었다. 디지털화가 이루어지면서 일본의 서플라이 체인을 통한

다수의 부품을 정교하게 조립하는 기술의 강점이 사라지면서 보다 임금이 싸고 시장 진출이 용이한 아시아로 공장을 이전했기 때문이다. 또한 '선택과 집중'이라는 이름 아래 채산이 맞지 않는 부분은 정리되었는데 그것은 일본 기술자의 유출을 불러 일으켰고 신흥국의 캐치업을 가속시키는 한편, 일본의 전기 산업의 쇠퇴의 원인 중 하나가 되었다. 자동차를 제외하면 일본 제품의 수출 경쟁력은 약화되었으며 오히려 공장을 이전한 해외로부터의 역수입이 늘어나게 되었다. 아베노믹스에 의한 엔저 현상의 유도가 반대로 무역 적자를 누적시키게 된 것이다.

아베노믹스의 정확한 평가

아베노믹스에 대해 색안경을 끼지 않고 객관적으로 평가해보면 목표는 달성하지 못했으며 관제 시세로 주가만 높였다. 그리고 연금 재정을 파탄에 빠뜨렸으며 주식 시장의 외자화를 초래했다. 또 대기업의 내부유보와 배당만을 확대시키고 무역 적자를 상습화시켰다.

사실 아베노믹스의 이차원적 금융 완화는 금리가 상승하면 바로 재정 파탄으로 이어진다는 점에서 지속 불가능한 정책이었다. 애당초 2년간 2%의 인플레를 일으키겠다는 목표 자체가 의심스러운 것으로 아베 내각을 구성하는 주체들은 처음부터 이차원적 금융 완화를 통해 주가만 높일 수 있다면 그것으로 만족했던 것이 아닌가 하는 생각이 든다.

그 때문인지 아베 내각은 높은 주가를 연출하는 동안 아베 수상이 예전부터 하고 싶어 했던 특정비밀보호법, 안전보장 관련법 등

'전쟁 법안' 제정으로 급히 노선을 바꾸었다. 그로 인해 초기에 매스컴을 통해 '주가 상승', '경제 재건' 등 열광적인 지지를 표했던 경제 전문가 태반은 이제는 아베노믹스에 대한 공공연한 지지를 멈추고 언급하지 않게 되었다.

즉 정권 연장과 전쟁을 할 수 있게 하는 법안을 진행시키기 위한 방패막이로 내세우기 위해 필터를 건 대량의 데이터가 '아베노믹스의 성공'을 증명하는 자료로서 정부로부터 쏟아져 나온 것이었다. 하지만 '위약'이나 다름없는 정책은 유해하다. '위약'이 무서운 '마약'이 되어가는 과정을 살펴볼 필요가 있다.

제3장
항생물질이 듣지 않는 일본 경제
―버블과 쇼크의 악성화

1 '내성'이 생기는 이유
—— 주기적인 변화에 대한 고정적인 대응

서서히 심화되는 정책

아베노믹스에 의해 일본 경제는 장기 정체에서 장기 쇠퇴의 프로세스로 접어들었다. 금융 사유화와 글로벌리즘이 가지고 온 것은 버블과 버블 붕괴가 반복되는 '버블 순환'이었다. 버블 붕괴가 초래하는 리스크를 피할 수 있다는 금융 이노베이션이 개발되었지만 그 이후에도 버블이 일어나면 버블은 반드시 붕괴되고 만다. 금융 자유화의 과정에서 알게 된 사실은, 개별 요인의 리스크를 회피하는 수단은 오히려 버블 붕괴의 리스크를 증폭시키는 면이 있다는 것이다. 그리고 한 가지 더, 버블 붕괴라고 하는 리스크가 발생하면 경영자나 관료는 책임을 회피하기 위해 당장의 경기 회복을 위한 정책 수단을 계속 취하게 된다. 그러나 그것이 오히려 병을 오래 가게 만들고 더욱더 정책 수단을 심화시키고 만다.

실제로 1990년대 버블 붕괴 이후 경제 정책은 규제 완화를 중심으로 하는 '구조 개혁' 노선과 재정 및 금융 정책을 이용한 경기 부양 사이를 왕복했고 정책은 계속해서 점차 심화되었다. 버블 붕괴가 진행되면서 장기 정체에 들어가자 공급 측의 강화라는 명목으로 글로벌리제이션이라는 이름의 '구조 개혁' 노선을 폈지만 그로 인해 경기가 후퇴하자 수요 쪽을 강화하는 재정 및 금융 정책을 채택한 것이다.

엄격한 채권 사정査定과 경영의 책임을 묻는 발본적인 대책은 경원시되고 소규모 공적 자금이 계속 투입되는 식의 불량 채권 처리가 이어졌다. 그동안 대기업은 단기적 이익을 추구하는 '선택과 집중', 즉 구조 조정을 계속했고 국제 회계 기준의 도입과 동시에 내부유보를 늘리는 한편 기술 개발과 설비 투자는 게을리했다. 눈앞의 이익을 올리기 위해 고용 유동화와 임금 억제를 계속하는 동안 지방에서는 저출산 및 고령화가 진행되었고 국내 시장은 축소되어 국내 투자 없이 외국에 대한 투자만 늘리는 악순환에 빠지고 말았다. 경영자도 관료도 책임 회피에 열중하는 사이에 새로운 산업 구조의 출현은 막히고 국제 경쟁력의 저하가 이어진 것이다. 그런 까닭에 더욱더 재정 및 금융 정책을 동원할 수밖에 없게 되었다.

아베노믹스의 '세 개의 화살'은 금융 완화 및 재정 동원, 규제 완화 등 지금까지 해온 정책의 재탕에 지나지 않는다. 예전과 다른 것은 그 규모가 훨씬 커진 것과 세 가지를 동시에 실시한다는 점이다. 그런 의미에서 종전의 정책을 보다 확대 및 심화한 것이라 볼 수 있다.

그러나 여전히 출구는 보이지 않는다. 기다리는 것은 장기 쇠퇴로 들어가는 입구뿐인 것이다. 그것은 1990년대 이후 시행된 일본의 경제 정책이 가져온 일종의 결말이다. 즉 일본병을 만들어낸 중요한 요인은 불량 채권을 깨끗하게 처리하지 않고 당장의 경기 부양책으로 재정 및 금융 정책을 '약'으로 계속 투여한 일이었다. 그러는 사이 내성이 생겼고 '약'이 듣지 않게 되자 보다 강한 '약'을 원하게 되었으며 결국은 체력을 고갈시키는 프로세스에 들어가게 된 것이다. 이는 항생제를 투여하면 언젠가 그 항생제에 대한 내성이 있는 병원균이 나타나게 되고 그로 인해 더욱 강한 항생물질을 사용하다가 결국에는 다제내성균이 폭발적으로 불어나 사람을 죽음으로 이끄는 프로세스와 동일하다. 그야말로 '일본병'의 중요한 특징 중 하나인 동시에 '잃어버린 20년'을 초래한 원인이라 할 수 있다.

'일본병'을 보다 잘 이해하기 위해 항생제와 내성균의 '술래잡기' 관계에 대해 살펴보자.

항생물질

1928년 알렉산더 플레밍은 런던대학의 세인트 메리 병원에서 감염증에 대한 연구를 하고 있었다. 제1차 세계대전에 종군하여 가스 괴저 등 무서운 질병을 목격한 그는 병원균을 퇴치하는 물질을 찾는 연구에 몰두했다.

그의 연구실은 지저분했고 다양한 물건들이 흐트러져 있었다. 황색 포도구균이라는 병원균을 늘리던 페트리 접시 위에 우연히 푸른 곰팡이가 피어 있었다. 그런데 그 푸른 곰팡이 주위에는 황색 포도구균이 동그랗게 나 있지 않은 모습을 발견했다.

푸른 곰팡이에 무엇인가 병원균의 생육을 억제하는 물질이 있을 것이라고 직감한 플레밍은 푸른 곰팡이를 대량 배양했다. 그 뒤 그 여과액에서 병원균을 억제하는 강한 물질을 발견했고 푸른 곰팡이의 학명인 Penicillium에서 이름을 딴 페니실린이라는 이름을 그 물질에 붙였다. 최초의 항생물질 발견이었다. 1942년에는 하워드 플로리 등에 의해 대량 생산되어 제2차 세계대전에서 널리 이용되었으며 그 공로로 플레밍과 하워드는 1945년 노벨상을 수상했다.

그러나 페니실린을 사용하면 극히 적은 양이긴 하지만 페니실린에 내성을 가진 병원균이 살아남을 때가 있다. 페니실린을 사용한 지 불과 몇 년이 되지 않아 이런 내성균이 보고되었는데 그것이 페니실린이 폭 넓게 쓰인 1960년대가 되자 의료상 큰 문제가 되었다.

내성균은 페니실린을 분해하는 효소를 가지고 있었기 때문에 분해 효소로 분해되지 않는 보다 '강력한' 항생물질 메티실린이 개발되었다. 메티실린은 페니실린이 많이 사용되는 병원에서 나타난 내성균에 효과가 좋았다. 그러나 메티실린을 자주 사용하는 중증 환자나 외과 수술이 많은 병원에서는 메티실린에 내성을 가진 병원균이 발견되었고 확산되었다. 메티실린 내성 황색 포도구균 MRSA이라 불리는 이 내성균은 한번 병원 내에서 발생하는 병원 감염을 일으키면 걷잡을 수 없어진다.

즉 병을 고치기 위해 만들어진 항생물질을 계속 쓰면 다른 병이 만들어지는 원인이 되는 것이다. 그리하여 MRSA보다 더욱 강력한 항균제인 반코마이신이 사용되기 시작하였다.

강력한 항생물질의 내성균일수록 큰 문제를 일으킨다

반코마이신은 내성균이 나타나기 어려울 것이라 예상되었지만 역시 반코마이신에 내성을 가진 균이 나타났다. 최근 병원에서는 반코마이신은 되도록 사용하지 않고 있으며 MRSA 등이 병원 내에서 퍼졌을 때에 한해 주의 깊게 사용되고 있다. 그것은 반코마이신 내성균이 확산되면 도저히 손쓸 도리가 없기 때문이다.

사실 우리 몸 안으로 들어오는 병원균은 그다지 독성이 강하지 않은 경우가 많다. 그럼에도 불구하고 강력한 항생제를 계속 사용하면 내성을 가진 균만이 남게 된다. 그러한 내성균에 감염이 되어도 독성이 그다지 강하지 않으면 건강 보균자가 나타난다. 건강 보균자가 균을 뿌리게 되면 원내 감염이 확산되고 고령자나 수술 후의 환자, 항암제를 사용하는 체력이 떨어진 환자들에게 치명적이다. 항생제가 등장하면 내성균이 나타나고 그런 내성균을 잡기 위해 보다 강한 항생제와 항균제를 사용하면 더욱 끈질긴 내성균이 등장하는 '술래잡기'가 벌어지는 것이다.

　이러한 '술래잡기'는 1990년대 초 버블 붕괴부터 최근 아베노믹스까지 일본 경제가 걸어온 과정을 꼭 닮았다. 재정 및 금융 정책이라고 하는 '약'을 투여했지만 거기에 '내성'이 생겨 효과가 점차 떨어지자 계속 강력한 '약'을 투입했고 결국 '이차원' 금융 완화까지 나온 것이다. 이런 상황에서 중국의 버블 경제의 붕괴, 서구 경제의 쇠락, 미국의 제로 금리 탈출에 동반되는 신흥국 경제의 악화 등과 같은 환경 악화에 견딜 수는 없을 것이다. 현재 일본을 둘러싼 경제 상황은 다제내성균이 발생할 때의 메커니즘과 꼭 닮은 상태이다.

다제내성균의 새로운 메커니즘

　다양한 항생제를 사용하게 되면 항생제와 항균제에 대해 내성을 가지는 병원균도 증가한다. 필자가 근무하는 도쿄대학병원에서는 2010년 백혈병 등을 치료하던 중에 사망한 다섯 명의 환자로부터 같은 다제내성을 가진 녹농균을 발견하여 매스컴에 발표했다. 병원 내에서 약의 사용을 제한하고 원내 감염 예방을 위해 만전을 기하겠다고 하였다.

녹농균은 물웅덩이나 습기가 많은 곳에서 쉽게 발견할 수 있는 흔히 말하는 상재균으로 평소에는 그다지 독성이 강하지 않다. 그러나 암 치료 등으로 면역력이 떨어진 환자에게는 치명적이다. 도쿄대학병원처럼 규모가 크고 스태프도 많은 근대적 병원에서 다제내성 녹농균이 확산된 사실에 세상은 큰 충격을 받았다. 그렇게 된 하나의 이유는 검사를 위해 병실 내에 소변을 저장한 것이 감염의 원인이었다. 그에 따라 일시적으로 소변 검사를 중지하기도 하고 암 치료약을 제한하기도 하는 등 다제성 녹농균을 봉쇄하기 위해 큰 소동이 벌어졌다.

다제내성균은 무척이나 악질이다. 지금까지의 항생제, 항균제가 잘 듣지 않는 것은 물론이고 새로운 약을 만들어도 좀처럼 효과가 없다. 다제내성균이 가진 메커니즘은 일반적인 내성균과 다르며 병원균이 투입된 약을 배출하기 때문이다.

녹농균이나 대장균은 세포막(벽)이 외막과 내막이 있는 2중 구조로 이 두 개의 막 사이에 들어온 많은 약을 세포 밖으로 내보낸다. 병원균은 더러운 물에서 증가하므로 천연 혹은 인공으로 만들어진 다양한 화학 물질에 노출된다. 이들 화학물질을 직접 병원균 내부에 들여보내지 않기 위해 배출하는 트랜스포터라고 하는 단백질이 있다. 이 유전자는 평소에는 휴면 상태인 까닭에 작동하지 않지만 세포가 항생물질 때문에 죽을 위험에 처하면 작동을 시작한다.

도쿄공업대학 무라카미 사토시村上聡 교수 등은 다제내성균에 중심적으로 작용하는 트랜스포터의 구조를 밝혀내었다. 트랜스포터의 중앙부는 말랑말랑한 터널처럼 되어 있어 저해하는 일이 쉽지 않다. 다양한 약을 수많은 메커니즘으로 반출한다. 그러나 이 트랜스포터 역시 다른 프로톤을 운반하는 펌프로 움직인다는 사실을 알아내었다.

이렇게 다제내성의 요인을 갖춘 병원균은 항생제 투여 전에 이미 존재하고 있다는 것이다. 그 병원균이 항생제의 투여를 계기로 급속도로 활발히 움직인다. 다제내성의 터널을 직접 블록할 수는 없더라도 움직이는 메커니즘은 멈출 수 있는 가능성이 생겼다. 만약 그 메커니즘을 멈출 수만 있다면 지금까지의 항균제와 항생물질도 효과가 있을 것이다.

내성이 갑자기 진화하는 이유

내성을 갖게 되는 것은 새로운 유전자가 나타나기 때문이 아니라 이미 만들어져 있었던 변이유전자를 가진 세포가 다른 세포가 사멸되는 가운데 늘어나기 때문이다. 우리 인간의 몸은 하나의 수정란에서 시작되어 두 개로 분열되는 일을 40회 이상 반복하며 성인이 되면 60조 개가 된다. 21세기가 되면서 우리 세포의 DNA 배열을 전부 해독하게 되었고 한 차례 세포가 분열되면 얼마나 많은 변이가 생기는지 알 수 있게 되었다. 우리의 게놈에는 30억 개의 DNA가 존재하지만 대체로 하나 혹은 두 개의 변이가 한 번의 정상적인 세포 분열에도 존재한다. 즉 우리의 유전자 배열은 반복적으로 분열하면서 조금씩 변한다는 뜻이다.

이러한 DNA 변이는 자외선을 쐬거나 방사선을 맞거나 하면 증가되고 담배 연기 성분에도 늘어난다. 바이러스와 세균에 감염되었을 때도 마찬가지이고 스트레스가 쌓이면 변이율이 올라간다.

녹농균을 예로 들면 다제내성균의 트랜스포터 유전자는 복수로 존재하지만 평소에는 거의 활동하지 않는다. 항생물질을 사용할 때 이 유전자가 변이되면서 활동하게 되면 항생물질에 내성을 가지게 되고 살아남는 것이다.

인간과 비교해 작은 세균의 세포는 훨씬 변이하기 쉽고 그보다 더 작은 인플루엔자 같은 바이러스는 더욱더 빈번하게 변이된다. 그렇게 하여 수많은 내성 유전자를 만들어내는 것이다. 다제내성을 획득한 세균은 이 내성에 관련되는 작은 유전자plasmid(플라스미드)를 다른 세균에 넘긴다. 하나의 세포가 강력하다고 하기보다는 많은 세균이 분업하여 어떤 세균이든 변이로 살아남게 되면 동료들에게 유전자를 넘김으로써 종으로서 강해지는 것이다.

사실 이런 내성균은 그다지 많이 증가하는 세균은 아니다. 영양분을 포함해 여러 가지 화학물질을 퍼내기 때문이다. 그러나 강한 항생제를 반복하여 사용하면 상재균을 약화시켜 제거해 나가므로 내성균이 증가하게 된다. 내성균이 증가하면 설사를 통해 균이 분산되므로 화장실 등에서 오염이 확산되며 이로 인해 병원 내 감염도 확산되는 것이다. 그리고 상재균이 큰 폭으로 감소하면 다제내성균이 폭발적으로 증가하면서 치명적이 된다.

가축에 대한 항생물질의 막대한 사용

내성균은 장기간 항생물질을 사용하면 발생한다. 그때 볼 수 있는 과정은 일본 경제가 '잃어버린 20년' 동안 불량 채권 문제를 버블에 의한 '해소'와 어중간한 대응만을 반복해서 처리하려 했던 것과 비슷하다. 금융 완화 정책 속에서 불량 채권은 계속 남게 되었고 결국 금융 완화에 의존할 수밖에 없게 되었다. 원전 문제도 불량 채권화한 원전을 폐기하지 못하고 계속해서 재가동에 의존하는 것과 같다고 할 수 있다.

이런 어중간하고 장기간에 걸친 항생물질의 사용은 예방적으로 항생물질을 사용하는 경우가 많다. 예방적인 경우는 티깃이 분명하지 않으므로 부작용이 없는 적은 양이 일반적이다. 폭넓은 병원균에 효과가 있을 듯하지만 하나의 병원균을 정확하게 사멸시키기는 어렵다. 그런 까닭에 현재 항생물질은, 원인균을 배양해 확인한 다음 핀포인트로 공격하는 것이 일반적이다.

그러나 이러한 사용법에도 주의가 필요하다. 사실 항생제가 사용되는 경우는 인간보다 가축이 훨씬 많다. 그것도 치료 목적이 아니라 예방을 위해 항생물질이 사료와 함께 사용된다. 일본의 데이터가 적은 탓에 더욱 검토가 필요하겠지만 후카사와 시게키深澤茂樹 등의 연구에 따르면 일본에서 사용되는 항생물질의 양(2012년도)은 인간 의료용 517톤, 가축 의료용 727톤, 가축 사료 첨가물 175톤, 수산 182톤, 반려동물 의료 1톤, 농약 91톤 등 계 1,693톤에 이르며 사람보다 가축에게 사용되는 양이 많다. 반코마이신에 내성을 가지는 병원균을 발생시키기 쉬운 아보파르신마저도 1997년까지 일본에서 사용되었다.

세계적으로 살펴보면 항생물질의 사용량이 국민 한 사람당 가장 많은 곳은 오스트레일리아이며 뉴질랜드가 그 뒤를 잇고 있다. 이 두 나라는 21세기 들어 항생제 사용량이 3배 이상 증가했다. 미국 내 약을 규제하는 식품의약품국FDA 역시 2,200만 명이 내성균에 감염되어 2만 명 이상이 사망했다고 하면서 인간용 항생제의 소, 돼지, 닭에 대한 사용을 규제하기로 결정했다. FDA의 전미 약제내성균 감시 시스템NARMS이 정리한 연차 보고서에 따르면 검사 대상이 된 돼지의 뼈가 붙은 등심육 중 69%, 갈은 소고기의 55%, 닭고기의 39%에서 항생물질에 내성이 있는 세균이 검출되었다. 닭이나 돼지, 소의 사료에 대량으로 항생물질이 예방 목적으로 들어갔고 매일 그것을 먹음으로써 내성균의 둥지가 된 것이다. 내성 유전자의 플라스미드 역시 그에 못지않을 것이다. TPP에서 식품의 수출입을 자유롭게 만들겠다고 하는데, 이는 항생물질을 '이차원적 양적 완화'처럼 사용하는 국가의 식품을 대량으로 들여오겠다는 뜻이다. '자유 무역'이라는 이름 아래 농산물과 자동차 부품의 안전 기준 저하가 검토되고 있다. 그러나 진작 논의했어야 할 문제를 방치해왔다는 것만으로도 큰 문제라 할 수 있다.

현장에서의 내성균에 대한 치밀한 컨트롤이 중요

내성균에 대해 '이차원적인 항생물질을 투여'하는 일은 쓸데없는 일일 뿐 아니라 상재균을 죽이고 기회감염을 일으켜 파국을 초래할 뿐이다. 그런 까닭에 다제내성균이 아웃브레이크했을 때의 병원의 대책을 살펴보면 배울 점이 많다. 아웃브레이크 대책에서는 자연계에 약제내성균이 적다는 것을 전제로 생각한다. 우선 현장의 감시 체제를 활용해 평소부터 환자에게서 검출되는 균과 환경 중 병실, 수술실, 대기실, 화장실, 외래, 복도 등 다양한 곳에서 검출되는 균을 파악하며 지역 및 국내외 아웃브레이크에도 신경을 쓴다.

다제내성균은 접촉에 의한 감염이 가장 많다. 화장실을 비롯해 장갑, 마스크, 가방 등에 감염을 제어하기 위한 일반적인 대응을 확실히 하고 세이프티 가드를 일반화한다. 또한 수분이 있는 곳에 번식을 하므로 세면장, 화장실 등의 위생 관리, 폐기물 처리 등을 철저히 하고 분뇨의 접촉을 피함으로써 감염을 크게 늦출 수 있다. 그리고 가장 중요한 것은 항생제의 부적절한 사용을 피하는 일이다. 이는 병원뿐만 아니라 왕래하는 환자들도 마찬가지다. 항생제의 사용은 핀포인트로 쓰되 최신 항생제가 아니라 그다지 '강하지 않은' 항생제를 유효하게 사용한다. 이는 병원균뿐 아니라 우리 장기에 있는 상재균과 같은 사람의 체내 환경에 대한 배려이기도 하다. 상재균이 있는 경우는 이상한 기능을 가진 내성균이 그다지 번식되지 않는다. 항생물질을 사용할 때도 상재균에 대한 배려를 잊어서는 안 된다.

즉 병원균이 생겼다고 항생물질을 사용해야 한다는 고정적 대응이 아니라 현장에서 내성균을 컨트롤하는 치밀한 대책이 중요한 것이다.

2 고정적 대응이 파탄을 초래한다

버블 붕괴와 재정 및 금융 정책의 확대

 이야기를 일본 경제로 되돌리겠다. 자본주의 경제가 주기성을 가지고 변화하는 문제에 대해서는 제6장에서 자세히 다루겠지만 내성균의 발생 프로세스와 마찬가지로 잘못된 예측에 기반해 개입하게 되면 결과적으로 다음 사이클의 원인이 되어 실수는 더욱 증폭된다. 결국 빠져나올 수 없는 쇠퇴를 일으키는 것이다.

 '일본병'은 버블 붕괴와 그 처리의 실패에서 시작되었다. 불량 채권에 대한 엄격한 사정 없이 부정 회계와 경영에 대한 책임을 묻지 않은 채 소규모 공적 자금 투입이 반복되었다. 그리고 앞에서 말한 것처럼 재정 및 금융 정책과 규제 완화 중심의 '구조 개혁'

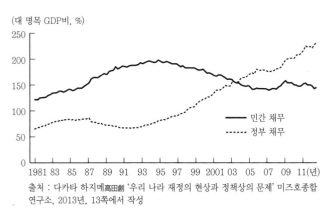

(대 명목 GDP비, %)

출처 : 다카타 하지메高田創 '우리 나라 재정의 현상과 정책상의 문제' 미즈호종합
연구소, 2013년, 13쪽에서 작성

그림 3-1 정부 · 민간별 부채 잔액 대 명목 GDP비比 추이

이 반복되었고 차츰 그 규모가 확대되었다. 그리하여 그림 3-1이 나타내는 것처럼 공적 부문의 채무 잔액이 계속 누적되고 민간 기업의 채무가 점차 감소된 것이다. 이렇게 계속해서 불량 채권 처리가 진행된 결과 거액의 민간 채무가 공적 채무로 대체되었다.

국가의 빚(국채나 차입금 등)은 2015년 6월말까지 약 1,057조 엔에 이르러 GDP의 두 배를 넘는 규모가 되었다. 이와 같은 수준의 재정 적자는 제2차 세계대전 중과 차이가 없다. 전쟁에 동반하는 하이퍼 인플레와 혁명 외에 평상시 변제한 예는 없다. 물론 하이퍼 인플레가 바로 일어날 수 있는 것은 아니다. 하이퍼 인플레기 발생하는 것은 종전終戰 직후와 석유 쇼크처럼 공급에 있어 병목현상이 나타났을 때로 빈번하게 일어나지 않는다. 그런 까닭에 지금 일본 정부가 펼치는 정책은 아무 생각 없이 최대한 버티는 정책이라고밖에 할 수 없다.

지금까지는 국내 저축이 1,400조 엔이나 있으므로 국채 폭락은 일어나지 않을 것이라고 예상되었다. 하지만 일본은행이 국채를 인수하면 일본 내 저축의 제약을 넘어 재정 적자를 기록할 수가 있다. 그것은 (금방 발생하지는 않더라도) 장기적으로 하이퍼 인플레와 같은 커다란 리스크를 안게 되는 일이다.

갈 수 있는 곳까지 가는 수밖에 없는 상황

이차원 금융 완화 정책은 성공한 순간 파산하게 되는 커다란 자기 모순을 안고 있다. 즉 출구가 없는 정책인 것이다.

먼저 일본은행이 양적으로 금융 완화를 한다고 해도 은행 밖으로 자금이 흘러가지 않는다. 그림 3-2에서 알 수 있는 것처럼 일본은행의 국채 구입액이 늘어나는 것에 보조를 맞춰 당좌 예금 계정이 증가한다. 2015년 10월에는 도시은행만 약 180조 엔, 지방은행 등을 포함한 은행 전체에서는 약 246조 엔까지 당좌 예금 계정이 증가했다. 제2장에서 살펴본 것처럼 기업이 내부유보를 계속하고 국내 시장이 정체되어 있는 탓에 은행 신용이 확대되지 않는 것이다. 실제로 2015년 5월 은행의 예금 잔액은 656.5조 엔인 것에 비해 대출금은 454.3조 엔에 머물렀으며 예금액의 신장에 비해 대출금의 신장이 따라가지 못하고 있다. 국채는 구입하면 바로 일본은행에서 사가는 상황에서 250조 엔 정도 되는 유가증권 전액에서 나오는 이익 배당금 등으로 겨우 수익을 올리고 있

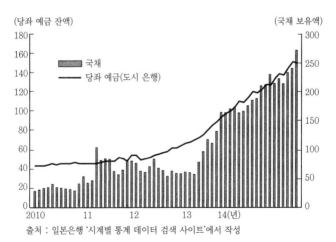

그림 3-2 일본은행의 국채 보유액과 당좌 예금 잔액 추이(단위 : 조 엔)

다. 간단하게 말하면 아무리 일본은행이 비정상적인 금융 완화책을 쓴다고 해도 은행의 대출은 늘고 있지 않다. 은행의 경영 또한 관제 시세에 의존하고 있으며 수익을 올릴 곳은 해외밖에 없는 상황에 놓여 있는 것이다.

그 결과 국내 시장은 점점 더 쇠퇴해지고 그것을 만회하기 위해 국가의 재정에 의존할 수밖에 없게 되었다. 특히 지방은행과 신용금고의 상황이 어려운 가운데 일본은행에 의한 국채 매입(재정 파이낸스)이 계속 이어지고 있다. 국채비의 증가를 피하기 위해서는 더욱더 일본은행에 의존할 수밖에 없다. 실제로 2015년 일본은행의 매입액은 상환분을 포함해 연간 110조 엔 정도로 올랐는데 2015년도 국채 발행 계획에서 발행액(단기 국채 제외) 126.4조 엔의 9할 가까이를 산 셈이 된다. 전시 상황처럼 일본은행에서 직접 인수하는 것은 아니지만 사실상 일본은행에 의한 재정 파이낸스가 이루어진다고 볼 수 있는 상황에 빠진 것이다.

이런 정책이 계속되면 일본은행이 국채의 최대 보유자가 된다. 실제로 일본은행의 국채 보유 잔액은 2015년 12월 10일 단계에서 326조 엔이 넘었다. 일본은행은 2015년 5월 12일, 2014년도 결산에서 최종 이익에 해당하는 당기 잉여금 중 25% 정도를 법정준비금으로 적립하겠다며 재무대신에게 인가를 신청했다. 그러나 그것은 일본은행이 가진 ETF 등의 변동 리스크에 대비해 연 2,600억 엔의 자기 자본을 증가시키는 것이었다.

하지만 그 정도로는 리스크를 커버할 수 없다. 일본은행은 대량의 국채를 보유하고 있는 까닭에 금리가 상승하면 거액의 시가 손실을 입게 된다. 뒤에서 이야기하겠지만 2015년 2월 내각부의 '중기 경제 전망'에서 경제 재생 성공의 시나리오는 2017년에는 물가 상승률 3.3%가 된 뒤 2%로 옮겨갈 수 있도록 설정되어 있다 (그림 3-3 참조). 통상 금리가 장기간에 걸쳐 물가 상승률보다 낮으면 은행 수익이 압박을 받기 때문에 실질적으로 마이너스 금리를 오래 유지하는 것은 곤란하다. 그런 까닭에 이 성공 시나리오에 따르면 금리는 점차 상승하게 된다. 아베노믹스가 물가 상승을 이끌어가는 시나리오 자체는 비현실적인 상상이라고 말할 수밖에 없지만 만약 이러한 성공 시나리오가 실현된다면 재정 적자가 이어지는 상황에서는 금리가 상승할 것이고 국채비는 눈덩이처럼 확산될 것이다. 그렇게 되면 재정 적자가 심해지는 것은 물론이고 일본은행은 거액의 평가손을 떠안게 된다. 2014년 말부터 2015년 10월까지의 10년짜리 국채의 이익률은 0.3~0.5% 정도의 상당히 낮은 수준으로 움직였기 때문이다. 일부 단기 국채는 마이너스 금리로 떨어진다. 게다가 출구 전략으로서 국채의 최대 매수자인 일본은행이 금융 완화 정책을 포기하면 국채 가격의 하락이 발생하고 금리 상승을 일으킬 것이다. 만약 그런 사태를 피하고자 한다면 물가와 금리가 상승되는 가운데 일본은행은 계속해서 금융 완화책을 쓰지 않으면 안 된다. 버블 같은 비정상적인 사태라도 일어나지 않는 한, 금융 시장의 볼러틸리티volatility(부동성浮動性)를 현저하게 높이고 말 것이다. 그렇게 되다가는 일본은행은 '통화의 파수꾼'으로서의 역할을 포기하게 된다. 즉 아베노믹스는 성공한 순간 파산이라는 자기 모순을 안고 있는 것이다.

지금 100년 만에 찾아온 경제 위기에서 탈출하지 못한 미국·일본·EU의 중앙은행들은 정책 금리를 거의 제로로 하고 있어 금

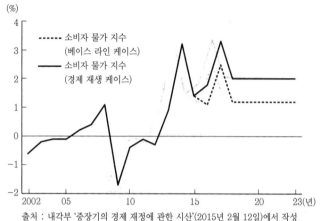

출처 : 내각부 '중장기의 경제 재정에 관한 시산'(2015년 2월 12일)에서 작성

그림 3-3 소비자 물가 지수의 전망

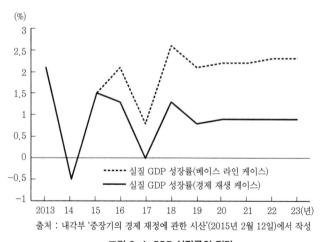

출처 : 내각부 '중장기의 경제 재정에 관한 시산'(2015년 2월 12일)에서 작성

그림 3-4 GDP 성장률의 전망

리 기능이 마비 상태에 있다. 게다가 이례적인 금융 완화 정책에 의해 팽창된 페이퍼 머니 속에서 세계 경제가 덩그러니 떠 있는 상태이며 세계적인 경제 정체 속 금융 시장에서는 투기 머니가 꿈틀거리고 있다. 그런 까닭에 당분간은 금리가 상승할 '위험성'이 없으므로 양적 금융 완화를 계속해도 문제는 나타나지 않을 것이다. 그러나 재정 규율이 무너지고 있는 상황에서 무엇인가 돌발적인 사태(예를 들면 테러나 전쟁)로 물가 상승이 일어나고 국채 가격의 하락과 금리의 상승이 일어나면 국채의 최대 매입자인 일본은행은 국채를 대량으로 매입하는 금융 완화책을 중지할 수밖에 없게 된다. 이러면 아베노믹스는 출구를 잃어버리게 되는 것이다.

따라서 재정 적자를 삭감할 필요성이 발생하는데, 아베노믹스는 사회 보장비의 자연 증가분을 억제하는 삭감책을 통해 그 목표를 달성하려고 한다. 그것은 노동법제의 개악과 동시에 격차와 빈곤의 확대를 한층 심각하게 만들고 국내 시장을 축소시킬 것이며, 결국 경제 재생과는 멀어지게 된다. 그리하여 반영구적으로 일본은행에 의한 재정 파이낸스가 계속되면서 일본은 쇠약해질 수밖에 없다. 지금이라도 진지하게 지역에 고용을 창출하는 산업을 육성하지 않으면 일본 경제의 쇠퇴는 멈추지 않을 것이다. 후쿠시마 제1원전 사고는 비극적인 결과를 가져왔지만 하나의 찬스였다. 그러나 무책임한 체제 때문에 그 기회도 점점 멀어지고 있다.

3 경험일까 주관일까

경험에 입각하다

베이즈 추론에서는 그때까지의 경험에 기반한 지식에 입각하여 사전 예측을 한다. 그러나 인플레 타깃론이나 원전 절대 안전론은 '주관적인 사전 예측'으로 그 단어를 바꿔 자신이 희망하는 결론을 최초의 모델로 삼는다. 동시에 수집하는 데이터에는 원전 마피아와 같이 이해 관계자만 모은 심의회를 만들어 자신들에게 유리한 데이터만 모으는 필터를 건다. 이렇게 하여 이들의 논의는 제2장에서 말한 것처럼 노이즈에서 아인슈타인의 얼굴을 만들어내는 아전인수격 논의가 되는 것이다.

크루그먼 모델에서는 일본은행이 일본 경제 전체의 통화량을 자유자재로 조작할 수 있다는 것을 가정하고 있다. 그러나 일본은행이 공급하는 통화가 민간 은행에 흘러들어 신용창조를 하고 복수의 은행을 거쳐 예금 통화가 되는 식으로 순환하는 형태가 되어야만 비로소 실체 경제를 바꿀 수 있다. 그러나 앞에서 이야기한 것처럼 일본은행이 공급하는 통화 중 다수는 당좌 예금 계좌에 쌓이기만 할 뿐이다.

신용창조가 되지 않으면 경제 전체의 통화량이 늘지 않고 인플레이션율도 상승하지 않는 것은 당연하다. 물론 일본은행이 주식이나 토지를 전부 사면 인플레가 될지도 모르지만 그것이야말로 관제 버블로 이번에는 중앙은행과 연금기금이 가격 하락의 리스크를 지게 된다.

'기대'라는 것은 단기적으로는 과거의 경제 상태에 대한 '결과'이며 장기적으로 미래의 경제 상태에 대한 '원인'이 된다. 설령 사람들의 기대가 바뀐다고 하더라도 경제의 구조가 같다면 효과는 일시적인 것이다. 효과가 일시적인데도 그 방향으로 금융 완화가 계속되면 지표가 어긋나고 마약 효과의 부작용으로 제어계는 움직이지 않는 파국을 맞게 된다.

저금리 정책과 재정 출동을 반복해도 효과가 나지 않는 것은 연금이나 복지, 노동자를 지키는 고용제도 같은 사회적 안전망이 파괴되었고, 자연 에너지의 전환, 농업의 6차 산업화라든지 지역 복지를 위한 분권 등 산업과 고용을 창출하는 방향과는 역행하는 정책이 반복되면서 단순히 잽만 날리는 금융 확대를 하고 있다는 뜻이다.

이는 항생물질을 대증요법(원인이 아닌 증세에 대해서만 실시하는 치료법-역자 주)적으로 계속 사용하다가 내성균이 증식, 확산되는 과정과 유사하다. 한편에서는 다제내성의 메커니즘이 게놈 레벨로 해명되어 화장실이나 수도의 위생 관리와 장갑 등 의료 기기의 소독 같은 감염을 막기 위한 과학이 발전되었음에도 말이다. 그 결과 직간접적으로 매스컴에 압력을 가해 아베노믹스에 대한 비판을 봉쇄하면 체내의 정상적인 상재균까지 말살할 수 있는 극단적인 항생제를 가축에게 남용하게 되고 도무지 손을 쓸 수 없는 심각한 다제내성균이 병원 내 감염을 일으키게 될 것이다. 이런 의미에서 아베노믹스는 일본 경제를 죽음으로 몰고 갈 엄청난 위험성을 지니고 있다.

무엇보다 시장이나 의료 같은 복잡한 시스템에 대처하기 위해서는 다중적인 제어로 변화를 일으키는 다이나미즘을 이해하는 일이 필수불가결하다. 그러기 위해서는 이상한 필터를 씌우지 않은 데이터에 의한 예측의 과학이 요구되며 동시에 자의적인 모델을 용서하지 않는 검증 방법을 습득하는 일이 필요하다.

자의적 모델이 이끄는 것은 무엇인가?

분명 아베노믹스를 지탱하고 있는 인플레 타깃론은 현재가 예전 대공황 시기에 필적할 만큼 위험하다고 인식하고 있다. 그러나 대공황을 금 본위제를 버리는 금융 완화 정책에 의해 '극복'한 것처럼 여기는 역사 인식부터 잘못된 것이다. 미국은 1929년에 시작된 대공황의 회복이 불충분한 상태로 1937~38년 불황에 맞닥뜨렸고, 일본은 중일전쟁에서 태평양 전쟁으로 돌입했으며, 독일은 제2차 세계대전과 아우슈비츠 수용소 등에서의 유대인 학살을 시작했다. 그리고 미국은 제2차 세계대전에서 본격적인 경기 회복을 이룬 것이다.

제2차 세계대전 전의 역사를 연구해보면 당시의 일본 역시 비교적 일찍 버블의 붕괴에 직면했지만 경영자도 군부를 포함한 관료도 책임을 지지 않는 '무책임의 체계(마루야마 마사오丸山眞男 교수가 일본의 지배 기구를 분석할 때 사용한 키워드-역자 주)'가 사회를 주도했다. 이것이 문화까지 포함해 사회적 황폐를 불러왔으며 결국 전쟁으로 치달았다.

이런 역사를 돌이켜보면 아마 산업혁명에 필적하는 새로운 산업 구조로의 전환이 없으면 100년에 한 번 오는 세계적인 경제 위기는 극복할 수 없을 것이다. 그렇지만 버블 붕괴 이후 일본은 그런 길이 아니라 전쟁 전과 비슷한 방향을 따르고 있다. 1990년대 버블 붕괴 뒤 불량 채권 문제를 얼버무리기 위해 거액의 공적 자금을 투입하면서도 은행 경영자는 아무런 책임도 지지 않았다. 미증유의 사고를 일으켜 1,200명이나 되는 원전 관련 사망자를 내고 거액의 공적 자금을 투입하게 만든 도쿄전력에도 경영 책임을 묻지 않았다. 아주 최근에도 도시바의 부정 회계, 도요東洋고무의 면진 고무 문제 및 아사히카세이旭化成건재에 의한 건축 데이터의 조작 등, 기업 문화의 황폐화는 끊이지 않고 있다. 이런 '무책임의 체계'가 새로운 산업 구조로의 전환을 방해하는 것이다.

과거 경제학의 모델을 정당화하기 위해 유리한 데이터를 늘어놓고 오로지 재정 및 금융 정책을 비정상적으로 팽창시켜 마취 상태로 만드는 한편, 낡은 기존 산업의 이해를 우선하여 노동 규제 등을 완화해온 탓에 자산 소유자와 비정규 고용자라고 하는 극단적인 격차 확대를 가져온 것이다. 이는 제2차 세계대전 전과 마찬가지로 사회를 파괴하고 전체주의를 양성한다. 주류 경제학자들의 죄는 참으로 무겁다.

제4장
'주류파'의 언설과
실제 감각의 차이
―사회의 파괴

1 트리클 다운이라고 하는 거짓말

위화감을 낳는 '예측과의 차이'

아베노믹스는 당초 '주가 상승', '사상 최고의 기업 결산', '유효 구인 배율의 상승' 등 정권에 유리한 경제 지표만 반복해 선전했고, 아베 내각은 성립 후 2년 반 동안 반대파의 비율보다 높은 지지율을 유지했다. 아베노믹스는 시작할 때부터 '트리클 다운'이라고 하는 말을 계속 강조했다. 당시 NIIK의 트리클 다운에 대한 해설을 다시 살펴보자.

"물방울이 똑똑 떨어진다는 의미. 경제 이론에서는 고소득층의 경제 활동을 활성화시킴으로써 그에 따라 만들어진 부가 중간소득층, 저소득층까지 침투, 결과적으로 사회 전체의 이익으로 이어진다는 생각을 가리킨다. 아베노믹스는, 엔저 · 고주가 및 법인세 감세 등에 의해 보다 대기업의 수익 환경이 개선되면 투자가 늘고 가계의 소득 증가에도 이어져 경기가 전반적으로 확대될 것이라는 생각에 기반한다. 이에 대해 부유층에게 부를 집중시켜 빈곤층과의 소득 격차를 확대시킬 것이라는 지적도 존재한다. 아베노믹스 시작 뒤 수익은 대기업을 중심으로 회복되고 있지만 앞으로 과연 중소기업의 업적 및 투자, 가계의 고용 및 임금의 증가로 파급되어 경제의 선순환을 낳을지 주목된다."(NHK 'Biz+선데이' 홈페이지에서)

그러나 주가가 높아졌다고 아무리 말해도 일반 서민의 생활과는 큰 거리가 있으므로 이런 언설言說은 위화감을 낳을 수밖에 없었다. 정부 통계는 항상 위화감을 준다. 총무성이 발표한 정부 통계에서는 2015년 10월의 완전 실업률은 3.1%대로 낮은 수준이며 후생노동성 발표에 따르면 유효 구인 배율이 전월과 마찬가지인 1.24배로 되어 있다. 그러나 이런 수치를 기대하고 일자리를 찾아보면 거의가 비정규 고용이다. 2015년 7월 겨우 플러스가 되었지만 9월의 실질 임금의 전년 동월비는 불과 0.3% 증가에 불과했고 6월까지 실질 임금은 26개월 연속으로 저하되었다. 총무성의 가계 조사에서 본 근로 세대의 실수입은 동년 9월은 마이너스 1.5%, 10월은 마이너스 0.6%로 떨어진다.

아베 정권이 발표하는 정부 통계며 보도에 위화감이 느껴질 때 '예측과의 차이'가 발생한 원인에 대해 생각할 필요성이 생긴다. 마치 사회 전체는 잘 굴러가는 것 같은데 자신의 생활이 어려운 것은 주식 투자로 억 단위를 버는 '부자 아빠'가 되지 못한 자기 책임인 것 같은 분위기를 계속 조장하기 때문이다.

다수파와 주류파의 차이

아베노믹스의 실제 조치는 중앙은행인 일본은행과 공영방송인 NHK라고 하는 두 개 조직에 대한 노골적인 인사로 진행되었다. 2013년 3월 취임한 구로다 하루히코 일본은행 총재와 다음 해 1월 취임한 모미이 가쓰토籾井勝人 NHK 회장이 그렇다. 제1차 아베 정권은 매스컴의 비판에 붕괴되었다는 '인식' 때문에 제2차 정권의 성립 당시부터 NHK의 보도 자세에 대한 개입을 강화, 2013년 11월 정치 권력에 협력하는 보도를 해야 한다는 지론을 가진 하쿠다 나오키百田尚樹 경영위원의 취임이라고 하는 노골적인 인사 개입을 성공시켰다. 동시에 구로다 일본은행 총재는 '바주카포'니 '이차원'으로 칭해지는 금융 완화책을 제기했다.

그러나 바주카포라고 하는 표현은 2008년 9월 리먼 쇼크가 절정일 당시 미국의 폴슨 재무장관이 위기에 빠진 파니메이와 프레디맥 같은 주택 관련 금융기관을 정부 관리하에 두면서 22조 엔을 투입하고 국유화로 100조 엔 이상의 보증을 설 때 사용한 긴급 위기 회피 정책을 일컬었던 말로, 당시 일본은행의 가벼운 잽과 같은 금융 완화책처럼 3년 이상이나 계속 끌고 가야 하는 성격의 정책을 가리키는 것은 아니었다.

중앙은행과 '국영방송'을 동시에 독선적인 내각의 지배하에 두는 것은 민주주의 국가에서 이루어지는 피드백을 중시한 정책이라고 하기보다 후진국의 개발 독재 정권이나 군사 정권이 취하는 방법에 가까운 것이다. 실제로 쿠데타를 일으킬 때 군부는 가장 먼저 국영방송을 장악해 미디어 및 정보를 통제하고 중앙은행의 통화 발행권을 장악한다.

NHK 등의 '공영방송'은 원래 국민의 다수 여론을 대표한다고 생각하기 마련이지만 이렇게 되면 정치 및 경제 주류파의 이익을 대변하는 기관이 되고 만다. 정보 공개와 민주주의적인 정책 논의가 불가능해지면서 아베노믹스에 의해 장기 정체에서 장기 쇠퇴라는 일본병에 걸릴 수 있는 커다란 원인이 나타나게 되었다.

그리고 이루어진 아베노믹스 정책은 지금까지 NHK 등 매스컴에 의해 국민을 위한 경제 정책인 것처럼 보도되었다. 또한 2014년 12월 중의원 선거까지 주가의 상승과 상장기업의 사상 최대익만이 반복적으로 보도되었다. 이번 장의 서두에 말한 것처럼 그때

보도된 것은 경제 전체의 성장이라든지 가계 수입, 실질 임금, 소비의 확대가 아니라 중앙은행의 금융 완화 정책에 따르는 주가의 상승뿐이었다. 2년 반에 걸쳐 이어진 아베노믹스는 당초 제시한 목표치에서 점점 멀어지더라도 절대 그 실패를 추궁당하지 않았으며 "목표로 가는 도중", "지속은 힘이 된다"는 아베 수상의 말만 반복적으로 흘러나왔다.

그 결과 아베노믹스 보도는 국민에게 경제에 대한 기대를 주었지만 실제 생활은 힘들어지는 '예측과의 차이'에 직면하게 되었다.

주류파의 언설이 만드는 장애

예측과 현실의 차이와 관련된 언설 문제에서 가장 먼저 주목하고 싶은 분야는 장애학 연구 분야이다. 장애학에서는 정치·경제에서 사용하는 '주류파'보다 훨씬 엄격하게 '다수파인 건강한 사람이 만드는 주류파'와 '소수자로 여겨지기 쉬운 장애자인 비주류파'가 대치되어 연구된다.

도쿄대학의 장애학 연구가인 구마가야 신이치로熊谷晋一郎 박사는 '장애'를 임페어먼트impairment와 디스어빌리티disability로 나누어 이해하는 일이 중요하다고 한다. 임페어먼트라고 하는 것은 주류파와 다른 신체적 특징을 뜻하고 디스어빌리티는 주류파적으로 디자인된 인공물과 임페어먼트를 가진 신체 사이에서 발생하는 불협화음이라고 생각한다.

구마가야 교수는 주류파를 위해 디자인된 것은 건축물뿐만 아니라 우리가 사회에서 공유하고 있는 지식이나 언어, 규범, 욕망까지도 주류파에 맞게 디자인되어 있다고 주의를 환기시켰다. 저출산 및 고령화가 진행된 일본 사회에서는 건강한 사람은 이미 다수파가 아니다. 내각부에서의 발표로 공적 보조의 대상이 되는 중증 신체 장애자조차 2013년 366만 명, 지적 장애자는 55만 명, 정신 장애자는 320만 명이나 된다. 의료비 실태를 보면 남성의 16.2%는 당뇨병이고 37%는 고혈압이라고 보고되어 있다. 매년 암에 걸리는 환자의 수는 64만 명으로 일생 중 암에 걸리는 비율은 남자는 54%, 여자는 41%이다.

즉 평생을 통해 보면 장애가 없는 사람이 소수파인 것이다. 그러나 어느 순간에서 내놓는 사회 주류파 의견이라고 하면 돈이 많고, 사회적인 영향력이 강하고, 발언력이 강한 '건강한 주류파'인 사람의 의견이다.

인지언어학자인 테일러John R. Taylor에 따르면 주류파의 카테고리화 수준을 효율적으로 표현하기 위해 자연 언어로 디자인되도록 압력이 가해지고 그 때문에 자신의 경험을 타인과 공유하기 위한 어휘를 자연 언어 안에서 조달할 수 없는 비주류파가 발생해도 이상한 일이 아니라고 한다. 콘웨이Martin A. Conway의 모델에서, 장기 기억으로서 보존된 자전적 지식의 기반에는 추상적인 개념과 내러티브에 의해 표현되는 '자전적 지식'과 구체적인 감각 운동 레벨로 표현되는 '에피소드 기억'이라는 두 개의 다른 서브 시스템으로 구축된다. 전자는 정합성을 우선하여 구축되고 후자는 일단 단기적인 현실 대응을 우선하여 구축되었다가 나중에 자기 정합성의 조건을 만족하는 것만이 장기 기억이 된다는 것이다.

주류파의 신체 및 욕구에 맞춰 디자인된 지식밖에 조달할 수 없는 비주류파는 진리라고 생각하는 일의 일탈을 강요 당하게 되고 그 일이 많은 고뇌를 낳게 한다. 트라우마란 자신의 세계가 이렇게 되면 좋겠다든가 이렇게 되어야 한다고 하는 '기대'와 이렇게 될 것이라는 '예측'을 크게 침해하는 예상 밖의 사건에 대한 지각과 기억이라고 할 수 있을 것이다.

격차의 언설이 가지는 의미도 크다. 주류파라고 일컬어지는 사람들이 '승자조'가 되고 '상류층'이 되어 긍정적인 가치관을 얻는 언설 공간이 만들어진다는 것을 의미한다. 그것은 동전의 반대편처럼 '패자조'라고 인식되는 사람이 있으며 'B급 국민'(고이즈미 정권 시절 'B층'이라고 위치 지어져 매스컴 조작의 대상이 되었다)이 만들어져 그들이 멸시받는 언설 공간이다. 그러나 그 주류파는 다수파가 아니라 소수파라는 것이다.

이번 장에서는 아베노믹스의 주류파가 말하는 실업률과 당사자의 고용에 대한 실감의 차이가 현실의 여러 문제를 반영하고 있다는 사실과 함께 주류파의 언설이 문제를 더욱 악화시키는 메커니즘을 밝히도록 하겠다.

2 노동 방식의 파괴 —— 일본판 레이버 풀의 형성

연금 재정이 위기를 맞게 된 원인

위와 같이 아베노믹스 이후 주가가 상승하고 대기업이 사상 최대익을 기록하고 유효 구인 배율도 1을 넘었다고 선전해도 각종 여론 조사에서 '경기가 회복되었다는 실감은 없다'가 압도적으로 다수의 비율을 차지하고 있는 것처럼 사람들의 실감과는 크게 거리가 있다.

실제로 최근 실시되는 경제 정책은 점차 인간의 생활 기반과 사회의 존립 기반을 빼앗고 있다. 특히 젊은 세대를 중심으로 비정규 고용이 늘고 있으며 그것이 격차와 빈곤 문제를 가져오고 있다. 게다가 막대한 비정규직 고용이 층을 이루어 존재하게 된 것을 배경으로 노동 방식 자체가 파괴되면서 인간은 언제든지 교체 가능한 존재로 추락, 인간답게 일하는 일조차 곤란한 지경이 되었다. 그뿐만 아니라 젊은 세대는 결혼해서 아이를 출산하여 세대를 형성하는 일이 불가능하게 되었고 지금은 인구가 감소하는 사회에 접어들었다. 개개인이 느끼는 이러한 힘든 삶에 대한 실감은 사회 전체의 문제로서는 어떻게 나타나는 것일까?

우선 연금 등 사회 보장 제도의 문제부터 살펴보자.

연금의 근본적인 문제는 단순히 저출산 및 고령화에만 있는 것이 아니다. 고용을 비롯해 가족의 해체가 연금 제도 기반을 무너뜨리고 있다. 그중에서도 젊은 세대의 압도적인 다수가 비정규 고용인 탓에 국민연금이 공동화되어 있으며 연금의 지속 가능성을 위협하고 있다. 실제로 15~24세 사이의 젊은이 중 4할이 비정규 고용 노동자와 실업자이며 국민연금의 미납 및 체납도 3~4할에 이른다. 면제나 집행 유예를 포함하면 그 비율은 더욱 높아진다.

제2장에서 살펴본 것처럼 정부는 연금기금을 주가를 올리는 데에 사용해 운용익을 높임으로써 당면한 중장기적인 근본 문제를 숨기고 있다. 그러나 미납 및 체납 문제는 심각하다. 연금 보험료

를 지불하지 않으면 급부도 받지 못하므로 문제가 없다고는 할 수 없다. 현실의 연금 제도는 적립금이 있다고 해도 실질적으로는 현역 세대의 보험료로 퇴직 세대의 연금 급부를 마련하는 부과 방식이기 때문이다. 보험료 수입이 준다는 것은 급부금의 부족=적자가 된다. 한편 연금 보험료를 납부하지 않는 젊은 세대도 장래 연금을 받지 않는 것으로 끝나지는 않는다. 결국 생활 보호 예비군이 될 위험성이 높기 때문이다.

젊은 세대의 고용 파괴는 결혼을 하지 못하고 아이를 낳을 수 없다는 저출산의 악순환을 만들고 있다. 게다가 고령자 중에서도 독신이 늘고 있다. '가족'은 해체되는 경향에 있으며 이미 남편=직장인, 아내=전업 주부, 아이는 둘이라고 하는 표준 세대 모델을 전제로 한 연금 제도는 성립하지 않게 되었다. 예를 들어 독신자나 부부가 맞벌이를 하는 경우 연금 급부액이 불리한 것만 보아도 제도의 미비점을 알 수 있다.

비정규 고용자는 국민연금 및 국민건강보험에 가입하는 경우가 많으므로 기업은 갹출금을 부담하지 않아도 된다. 그러므로 기업은 가능한 한 비정규 고용자를 고용하고 싶어 하는 동기가 생긴다. 비정규 고용과 정규 고용 사이에 보험료 부담이나 급여 수준의 격차가 고정화되는 것뿐 아니라 직업별, 고용 형태별로 분단된 연금 보험 제도라든가 건강 보험 제도가 고용의 유동화를 촉진하고 있다. 원래 사회 안전망의 역할을 해야 할 사회 보장 제도가 역기능을 하고 있는 것이다. 이제는 최저 보장 연금을 동반하는 연금 제도의 일원화 없는 사회 보장 제도는 지속 가능성을 회복할 수 없다. 그것은 평등성을 훼손하는 것과 함께 직업 선택의 자유까지도 빼앗기 때문이다.

　게다가 2호 피보험자인 회사원의 전업 주부(피부양 배우자)만이 우대되고 있는 현행 제도는 현실에 맞지 않는다. 여성이 사회 진출을 하여 일하는 것이 당연한 사회를 전제로 그들 역시 납세자 및 보험료 납부자가 되어야 한다. 물론 전업 주부도 자유롭게 선택할 수 있게 하기 위해서는 부부의 연금을 합산하는 2분 2승법(소득 분할 방식 중 하나)을 본격적으로 채용해야 될 것이다.

노동법제의 개악

　다음으로 고용을 살펴보자. 파트 타임이나 아르바이트 등을 포함한 비정규 고용자의 비율은 매년 높아져 총무성의 노동력 조사에 따르면 이미 2014년에 1,962만 명으로 20~59세 사이에 1,404만 명이나 존재한다. 비정규 고용자의 비율은 1984년의 약 15%에서 2014년에는 37.4%로 크게 상승했다. 15~24세까지는 비정규 고용의 비율이 48%를 넘는다. 후생노동성의 다른 조사에 따르면 2014년 10월 시점에 비정규 고용의 비율은 전체적으로도 40%에 달했다고 한다. 이래서는 장래에 현 제도를 유지한 채 사회 보장 제도가 지탱될 것이라고는 생각할 수 없다.

　이런 상황에서 화이트칼라 이그젬션과 노동자 파견법 '개정'을 실시하면 사태는 한층 더 악화될 뿐이다.

　화이트칼라 이그젬션과 노동자 파견법 '개정'은 자유롭고 다양한 근로 방식을 촉진시킬 것이라고 하지만 실제로는 그 반대다. 화이트칼라 이그젬션은 보수를 성과로 측정하기 때문에 '자유로

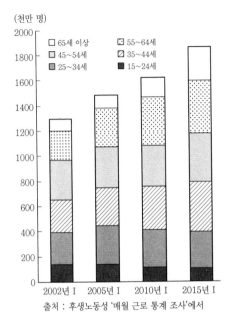

(천만 명)

□ 65세 이상   ▣ 55~64세
□ 45~54세   ▨ 35~44세
▨ 25~34세   ■ 15~24세

2002년 I   2005년 I   2010년 I   2015년 I

출처 : 후생노동성 '매월 근로 통계 조사'에서

그림 4-1 비정규 고용의 인원수 추이와 연령별 구성

운' 근로 방식을 고를 수 있다고 한다. 그러나 과거에도 성과주의를 도입한 적이 있었지만 잘 되지 않은 사례가 많았다. 팀을 꾸려서 하는 업무라든지 오랜 시간을 요하는 연구 개발 등은 그 전형적인 예라 할 수 있다. 결국 가뜩이나 서비스 야근을 당연하다는 듯이 보는 일본 기업에서 야근비를 합법적으로 지급 안 하게 된 것뿐이다. 야근비 제로 정책이라 불리는 것도 이 때문이다. 지금 고려되고 있는 적용 연수는 1,075만 엔 이상이라고 하지만 제1차 아베 내각 때 일본경단련의 요구는 적용 연수 400만 엔이었다. 일단 도입하면 점차 적용되는 연수가 내려갈 가능성이 높다. 어디서 브레이크가 걸릴지 보증이 없기 때문이다.

　노동자 파견법 '개정' 역시 예외가 계속 확대되면서 원칙적으로 자유롭게 되었다. 2015년 8월 국회를 통과한 노동자 파견법 '개정'으로 지금까지 26개 업종에 대한 특정(전문) 파견은 장기 고용이 전제되었지만 일반 파견과의 구별이 없어짐으로써 고용에 브레이크가 걸렸고 일반 파견으로 대체되고 있다. 한편 일반 파견으로 3년의 기간이 지나도 같은 회사에서 부서를 바꾸기만 하면 영구적으로 파견 노동이 가능하므로 정사원이 될 수 있는 길을 막고 파견 노동의 고정화로 이어질 가능성이 높다. 아마도 파견 노동자가 정사원이 될 수 있는 길은 폐쇄될 것이다.

　노동 시장과 사회 보장 제도에서 규제 완화가 자기 책임을 강화하고 사람들의 근로 의욕과 벤처 기업의 발생을 촉진할 것이라는 '논리'는 이미 현실에 의해 배신당하고 있다. 그뿐 아니라 뒤에서 살펴보겠지만 일본의 노동 방식 자체를 파괴하는 역효과까지 낳고 있다.

일본판 레이버 풀과 노동의 파괴

　지금은 언제든지 교체 가능한 비정규 고용자가 층을 이룰 만큼 엄청난 규모로 존재하게 되었다. 그것은 노동 시장에 일본판 레이버 풀이 형성되었다는 것을 의미한다. 이를 배경으로 블랙 기업이 횡행하게 되었다(가네코 마사루 연구회 「Japan Is Black 일회용 사회」 참조). 이는 양판점 등의 유통, 음식 등의 체인점, 운수, IT 산업, 건설, 교육 산업 등 전방위적으로 업계의 대표 기업이 블랙화되었다는 의미이기도 하다.

비정규 고용으로는 연봉 200만 엔을 넘기 어렵다. 그 정도 수입으로는 결혼도 출산도 불가능하다. 본의 아니게 비정규 고용자가 된 사람이 연봉 300만 엔을 넘기 위해서는 블랙 기업에 취직할 수밖에 없다. 그렇지만 이 연봉 300만 엔에는 고정 잔업비라고 하는 함정이 있다. 잔업비가 고정되어 있으므로 아무리 잔업을 많이 해도 잔업비는 올라가지 않는 것이다. 그 때문에 가혹한 노동이 횡행하고 있다. 게다가 블랙 기업은 노동조합이 조직되어 있지 않거나 비정규 노동자는 조합에서 배제되므로 대부분 몸과 마음에 상처 받은 상태에서 '개인 사정'으로 퇴직을 할 수밖에 없다. 근로자가 과로사 혹은 과로로 인한 자살에 내몰린 뒤에야 비로소 문제점이 발견된 것이다.

이처럼 비정규 고용의 증가가 격차 및 빈곤을 낳는 것에 그치지 않고 비정규 고용자가 일정한 층(레이버 풀)을 형성하게 되면서 정규 고용자가 과로사나 과로 자살을 하게 되는 '노동의 파괴'까지 이르렀다. 게다가 '노동의 파괴' 불똥이 이번에는 다시 비정규 고용자에게로 튀어 블랙 바이트가 횡행하게 되었다. 이제는 격차 및 빈곤 문제가 노동의 파괴로까지 심각화된 것이다.

이런 상황에서 요구되는 것은 노동자 파견법의 개악이 아니라 고용을 파괴하는 정책을 그만두는 일이다. 그렇게 본다면 노동 시장의 규제 완화보다 오히려 블랙 기업에 대한 노동 기준 감독 행정을 확충하는 일이 더 중요하다는 것을 알 수 있다. 그리고 지역에 고용을 창출할 수 있는 산업 정책을 펴는 일이다. 그러나 아베노믹스에서는 이미 실패한 고이즈미 내각의 '구조 개혁'을 재탕한 규제 완화 정책을 성장 전략으로 삼고 있다. 그리고 그 규제 완화 정책은 농업 · 의료 · 개호介護(스스로 일상 생활이 힘든 고령자를 위한 간병 및 수발을 의미한다-편집자 주) · 노동 등을 '암반 규제'로 칭하면서 규제 완화의 타깃으로 삼고 있다. 의료와 개호의 예를 살펴보겠다.

3 의료 및 개호의 비용 삭감과 규제 완화의 귀결

사회 보장비 삭감 정책

최근 아베노믹스는 재정 재건의 주요 수단을 사회 보장 제도 비용의 삭감에서 찾고 있다. 그것은 고이즈미의 '구조 개혁' 때 그랬던 것처럼 지역의 의료 및 개호 체제를 현저히 곤란하게 만들어 고령자의 격차 문제를 심각화시킬 것으로 보인다.

아베 정권이 된 뒤 이루어진 사회 보장비 삭감 정책을 살펴본다.

2014년 6월 공포된 '지역 의료 개호 종합 확보 추진법'에 의해 일정 수입 이상이라지만 이용자 부담을 증가시키는 방안이 추진되고 있다. 또 요개호要介護(상시 간병이 필요한 상태를 의미한다-편집자 주)3 이상이 되지 않으면 시설 입소를 인정하지 않으며, 요지원要支援(개호까지는 필요 없지만 일상에 불편을 느끼는 상태를 의미한다-편집자 주) 이하의 방문 개호 서비스를 시 등 지방자치체에 맡기게 되었다. 결국 재정력이 약한 자치체自治體는 서비스를 유지할 수 없게 될 것이고 지역 격차는 더욱 벌어지게 될 것이다. 게다가 지역 의료 개호 종합 확보 추진법은 병원의 침상 수를 엄격하게 관리함으로써 재택 의료 및 재택 간호로 유도하고 있다. 실제로 2015년 6월 정부는 2025년까지 16만~20만 개의 병상 삭감을 꾀하고 있다. 그러나 지역에는 의료 및 개호를 포함해 포괄적인 케어 체제가 완비되어 있지 않다. 종합의総合医와 동통疼痛 케어가 가능한 방문의, 인지증을 진단할 수 있는 의사 등도 부족한 실정이다.

그런 가운데 2015년의 개호 보수 개정에서는 전체적으로 마이너스 2.27%의 인하가 이루어지는 한편 개호 직원의 처우 개선을 요구하였다. 개호 보수를 내리면서 직원의 보수만 올리겠다는 무리한 정책이었다. 실제로 개호 사업자의 도산도 늘고 있다. 그리하여 외국인 개호사에 대해 시간 외 노동, 노동 안전 위생법 위반, 잔업비 미지급 등 인권을 무시하는 처사로 큰 문제가 되고 있는 외국인 기능 실습 제도를 적용할 수 있게 되었다. 싼 게 비지떡인 개호 노동이 될 가능성이 높은 것이다.

마지막 사회 안전망인 생활 보호에 대해서는 2015년도부터 주택 부조 기준과 동계 가산의 삭감이 실시되고 있다. 사회보장심의회는 2016년부터 후기 고령자 의료 제도의 보험료 경감 특례 조치의 단계적 폐지도 계획 중이다. 고령자의 빈곤 문제도 심각해질 전망으로 아베노믹스는 사회를 파괴하고 있다.

소비세 증세는 왜 한 것일까?

사회 보장 제도가 지속될 가능성이 낮아지고 있는 사실은 많은 국민이 알고 있다. 그런 까닭에 '사회 보장과 세금의 일체 개혁'이라는 명목으로 2014년 4월 소비세율이 5%에서 8%로 올랐다. 그러나 이 3%의 소비세 증세분은 애초부터 거의 재정 재건을 위한 것으로 복지에는 5분의 1밖에 안 돌아갈 예정이었다. 그러나 막상 소비세 증세가 결정되자 이번에는 경기가 악화될 것이니 법인세 감세와 공공사업이 필요하다는 이유로 경기 대책을 위해 소비세 증세분은 사라졌다. 사실 과거에도 소비세 증세와 동시에 법인세 감세가 실시되었다. 그리고 그림 4-2에서 알 수 있는 것처럼 소비세 증세의 많은 부분이 법인세 감세로 소모되었다. 한편 그림 4-3에서 알 수 있듯이 세금이 붙지 않는 이월결손금의 금액이 거

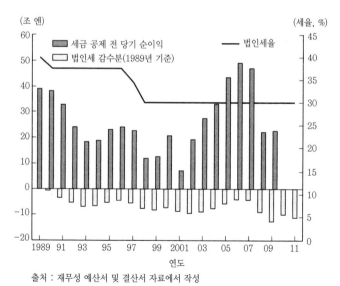

출처 : 재무성 예산서 및 결산서 자료에서 작성

그림 4-2 법인세수 감세에 의한 감수의 추이

액에 이르렀기 때문에, 연구개발비 감면세 등과 겹치면서 유명한 대기업 중에는 사상 최고익을 올리면서도 법인세를 거의 내지 않은 기업도 존재한다. 또한 소비세 증세가 경기를 악화시킬 것이라면서 공공사업비가 막대하게 지출되면서 종래형 재정 구조로 되돌아갔다. 그 결과 소비세 증세분이 복지에 투입되지 않은 상태에서 앞에서 본 것처럼 사회 보장비의 삭감 정책이 이어진 것이다. 사회 복지 쪽이 공공사업보다 고용 창출 효과가 높은데도 말이다.

아베노믹스의 근본에 있는 것은 '밀물 노선'이라고 하는, 세 부담을 가볍게 함으로써 시장 경제를 활성화시키고 경제 성장이 세

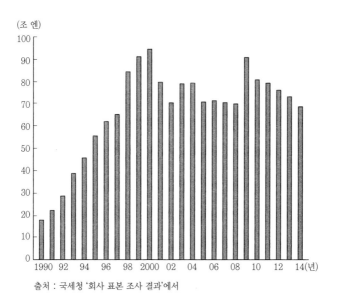

출처 : 국세청 '회사 표본 조사 결과'에서

그림 4-3 이월결손금

수 증가를 일으키도록 한다는 생각이다. 사회 보장 부담이라고 하면서 소비세를 증세하여 대기업만 감세의 은혜를 받게 하는 증세 방법은 재정 지출과 세 부담 사이의 피드백 관계를 파괴하고 만다. 아베노믹스는 사회 보장비의 증가와 세 부담의 증가 관계를 정면에서 문제 삼지도 않았고 그렇다고 과거의 '작은 정부'론을 펴는 것도 아니다. 그야말로 편의주의일 뿐이다. 세 부담이 가벼우면 가벼울수록 좋고, 경기를 좋게 하기 위해서는 재정 지출도 늘리지 않으면 안 된다. 사회 보장비가 증대되면 결국에 사회 보장은 자민당 헌법 개정 초안에서 볼 수 있는 것처럼 가족이 서로 도우면 된다는 식이 되어버린다. 그 결과 사회 보장비를 억제하고 공공사업비를 늘리는 구태의연한 재정 구조로 돌아갔으며 재정 규율이 무너지는 바람에 최대한 버티는 데까지 버티는 아베노믹스가 되고 만 것이다.

사회 보장과 복지의 시장화는 실패한다

당연한 말이지만 전통적으로 자민당 정권이 취해온 일본형 복지 사회론, 즉 가족의 협조를 바탕으로 하는 복지에는 한계가 있다. 일본형 복지 사회론으로 고령 독거 세대나 인지증 세대 혹은 모자 가정의 증가, 부부 맞벌이 세대의 육아 등에 대처하기 어렵다는 것은 명백한 사실이기 때문이다.

그렇다고 해도 의료의 시장화는 격차 사회를 더욱 심각화시킬 뿐 아니라 정책 그 자체로서도 실패를 거듭해왔다. 그중에서도 아베 정권하에서 성장 전략으로 추진되는 혼합 진료(보험 외 진료의 확대)

와 의료 투어리즘은 엄청난 실패임이 표면화되고 있다. 예를 들자면 성장 전략의 거점인 고베 국제 프론티어 메디컬 센터의 생체 간 이식의 사망 사례는 의료 분야에 쉽게 시장 원리를 도입하면 어떤 일이 벌어지는지를 보여주는 전형적인 예라고 할 수 있다.

2015년 6월 고베 국제 프론티어 메디컬 센터에서 생체 간 이식 수술을 받은 환자 아홉 명 중 다섯 명이 수술 후 1개월 내에 사망한 사실이 밝혀졌다. 거기에는 인도네시아에서 온 환자의 아이도 포함되어 있다. 또 경제산업성이 지원하는 고베 국제 프론티어 메디컬 센터가 인도네시아에서 진행하는 의료 거점 정비 사업에서도 생체 간 이식 수술로 환자 세 사람이 모두 수술 후 1개월 만에 사망한 사실도 판명되었다. 일반적으로는 간장의 도너(기증자)와 환자에 각각 세 사람씩 모두 여섯 명의 의사가 붙지만 이 메디컬 센터에서는 세 명의 의사로 수술을 행하고 있었다. 민간 자본을 투입하면서 수익성을 중시하고 성과주의를 부추긴 결과로 볼 수밖에 없는 상황이다.

문제를 근원부터 생각해보자. 건강 보험 재정의 건전화만 생각하면 고도 의료 및 첨단 의료를 보험 외 진료로 하든가, 병원이나 약국에 지불되는 의료 보수를 억제하든가, 피보험자나 환자의 부담을 늘리든가 하는 것이 직접적인 수단이 된다. 그러나 이런 정책은 개인 간 의료 격차를 낳을 뿐 아니라 특히 지역의 의료를 파괴해 지역 간의 의료 격차를 확대하는 결과를 가져온다. 특히 보험 외 진료나 혼합 진료의 확대는 부유층이나 중간층이 외자계 보험사가 압도적으로 점유율이 높은 민간 의료 보험에 가입하지 않는 이상 받을 수 없다. 저소득층은 배제되기 때문에 의료 격차가 확대되는 것이다. 또한 병원에도 격차가 발생한다. 구급 의료 등 지역 의료에 대한 책임을 지지 않고 돈벌이에만 몰두하는 병원일수록 높은 임금을 지불할 수 있으므로 의사도 모인다. 여기에 진료 보수의 억제책이 더해지면 지역 의료를 담당하는 공립 병원 등은 경영이 어려워질 것이고 더욱 의사가 부족한 상황에 빠질 수밖에 없다.

이미 고이즈미 정권 때 진료 보수를 낮추는 바람에 경쟁이 심해진 치과 의사 사이에서는 임플란트 같은 보험 외 진료로 수익을 올리는 소수의 의원과 보험 진료 중심으로 겨우 경영을 유지하는 의원으로 양분되어 있다. 이런 양극화가 통상적인 의료에서도 일어날 것이라고 예상된다.

게다가 앞에서 본 것처럼 '지역 의료 개호 종합 확보 추진법'은 지역 포괄 케어를 전제로 병원의 침상 수를 삭감하고 개호 시설의 입소를 일정 자격 이상으로 한정한다. 원래 지역 포괄 케어는 지역에서 중핵 병원, 진료소, 방문 의료, 간호, 개호를 위한 네트워크가 조직되어 방문 의사나 유럽형 케이스 매니저 등이 개개인을 담당하는 '효율적'인 체제가 만들어져 있지 않으면 안 된다. 당연히 도시와 농촌 사이나 지역 간에서는 환자의 수요도 의료와 개호의 자원도 달라진다. 그런 까닭에 1990년대 유럽 각국에서 행했던 것처럼 지역 내 서비스 공급자, 이용자, 부담자를 결정할 수 있는 권한과 재원을 지방자치체로 위양할 수밖에 없다. 그러나 이런 위양은 아직 이루어지지 않고 있으므로 결국 후생노동성이 말하는 '지역 포괄 케어'로는, 병원에서 쫓겨나면 가족의 개호 부담만 늘어나게 될 것이고 고령화가 심각한 약소 자치체부터 버려질 것이다.

4 지역 경제의 쇠퇴

내수 주도의 산업 정책이 필요

지금까지 살핀 것처럼 고용 분야와 사회 보장 분야에서의 규제 완화는 성장 전력이 되지 않는 것은 물론이고 국내 시장을 쇠퇴시킬 뿐이다. 그리고 지금 중국 버블 경제의 붕괴가 일어나고 있다.

중국 경제는 2008년 9월 리먼 쇼크 후 대규모 경기 대책을 실시, 고정 자본 투자가 늘어나고 부동산 버블이 한층 더 진행되었다. 그 버블이 가라앉으면서 주식 시장으로 자금이 흘러들었고 최근 1년 동안 주가가 급격히 솟았다. 그러나 그 역시도 2015년 6월에 들어 급속하게 하락이 시작되었다. 앞으로 두 가지 시나리오가 예상된다. 하나는 부동산 버블의 붕괴가 본격적으로 진행되어 쇼크가 커지는 케이스. 다른 하나는 중국 정부가 대책을 계속 내놓으면서 완만한 경기 후퇴로 이어지는 케이스다. 어느 쪽이든 일본에 심각한 영향을 미칠 것은 분명하다. 게다가 미국의 제로 금리 정책이 막을 내리면 신흥국에 투자되었던 자본이 이탈할 것이고 신흥국 경제가 악화될 것이다. 대외 환경의 악화는 피할 수 없다. 그렇다면 재정 및 금융 정책이라고 하는 마취약에 의존하지 않고 견고한 내수 시장을 만들어내는 정책이 필요해진다. 특히 지역에 새로운 산업과 고용을 창출하는 일이 긴박한 과제가 되었다.

고이즈미 '구조 개혁'의 재탕

아베 정권은 이런 상황에서 새로운 산업과 고용을 창출할 수 있을 것인가?

2014년 6월 24일 '호네부토骨太(뼈대가 굵은 모양을 의미한다—역자 주) 방침', 새로운 성장 전력, 그리고 '규제 개혁 실시 계획'이 각의에서 결정되었다. 아베노믹스의 세 번째 화살이지만 기시감이 있는 정책들로 이루어져 있다. 앞에서 설명한 것처럼 잔업비를 지불하지 않아도 되는 화이트칼라 이그젬션, 보험 외 진료를 폭 넓게 인정하는 혼합 진료 등은 고이즈미 정권기에 추진되었던 '구조 개혁'의 재탕으로 격차와 지역 경제의 피폐를 가져다줄 뿐이다. 이미 400개 이상이나 만들어진 '특구'에서 새로운 산업이 창출된 사례가 거의 없다.

앞에서 이야기한 것처럼 법인세 감세 역시 버블기 이후 법인세 감세와 소비세 증세가 맞물려 실시되었지만 소비세 증세는 재정 재건에 이르지 못했고 법인세 감세 역시 내부유보를 불렀을 뿐 경제 성장에 공언했다고는 말하기 어렵다. 연금 적립금의 주식 운용 증가 방침도 버블 붕괴 이후 반복되어온 주가 유지 정책으로, 연금이라고 하는 국민의 재산을 리스크에 노출시키는 일이다.

건강 증진 및 예방, 생활 지원 관련 산업의 육성에 대해서도 외국인 개호사의 외국인 기능 실습 제도의 적용이 이루어졌고 의약품, 의료기기, 재생 의료 등 의료 관련 산업도 제약회사와 대학 병원의 유착에 의한 데이터의 날조가 문제시되고 있다. 그리고 민간 자본 도입에 의한 혼합 진료와 의료 투어리즘은 앞에서 이야기한 고베 국제 프론티어 메디컬 센터의 생체 간 이식 실패 사례가 있다.

지방 활성화 역시 지금까지 자치체 수준에서 셀 수 없을 만큼 실시된 기업 입지 환경 개선을 위한 감세, 상품권 및 서비스권의 무차별 살포에 머물고 있다. 이처럼 아베노믹스의 '세 번째 화살'인 성장 전략은 신선한 느낌이라고는 전혀 없는, 과거 실패했던 이유에 대한 검증도 하지 않은 채 반복되는 전략에 불과하다.

'규제 개혁 실시 계획'은 142개 항목이나 되지만 애초에 규제 개혁으로 새로운 산업이 자동적으로 나타날 수 있는 것인지 의문이다. 실제로 기업의 국제 경쟁력이 저하되었던 고이즈미 내각의 '구조 개혁'이 그 전형적인 예라고 할 수 있다. 어떤 기술을 축으로 미래의 산업 구조를 만들어갈 것인지 명확한 산업 전략 및 산업 정책이 결여되어 있다. 그렇다면 남은 가능성은 엔저 현상 속에서의 '과거로의 회귀'뿐으로 이에 따라 관광 산업이 강조되고 있다. 실제로 현 상태에서는 엔저 현상을 기반으로 카지노나 올림픽 정도에 기대는 수밖에 없어 보인다.

원전 수출 정책의 파탄

비교적 신선한 정책도 있다. 제1차 아베 내각 시절의 원전 르네상스 부활이 바로 그것이다. 세계 유수의 원자력 기업인 GE의 원전 사업 부문과 히타치의 통합 그리고 도시바의 '웨스팅하우스' 매수를 발판으로 민주당 정권 시대에 원전 수출이 계승되었다. 특히 제2차 아베 정권이 되면서 원전 수출이 적극적으로 장려되고 있다. 그러나 이러한 정책은 현재 엄청난 곤경에 빠져 있다. 일본의 원자력 기업이 해외 사업 전개로 거액의 손실을 입고 궁지에 몰린 상태이기 때문이다.

도시바를 예로 들면 미국의 원자로 메이커 '웨스팅하우스'를 시세의 세 배, 약 6,000억 엔으로 매수했지만 지금은 거액의 불량 채권이 되었다. 게다가 사우스 텍사스 원전은 건설이 중단되면서 310억 엔의 감손 손실을 입었고 조지아 주의 보글 원전 증설 건에서는 977억 엔의 반환을 요구받고 있다. 또한 미쓰비시중공업도 캘리포니아의 산오노프레 원자력 발전소의 부품 고장으로 약 9,300억 엔의 손해 배상을 소송 당한 상태이다. 베트남에서도 일본 정부의 차관으로 진행 중인 일본 기업의 원전 수출이 있으나 후쿠시마 원전 사고 때문에 2014년 착공 예정이었던 것이 크게 연기되었다. 일본과 마찬가지로 지진이 많은 타이완에서는 사실상 일본의 첫 원전 수출이었던 타이페이 교외의 제4원전도 1999년 건설이 시작되었는데도 불구하고 여전히 가동을 하고 있지 않는 등, 실질적으로 좌절된 상태다.

애당초 후쿠시마 원전 사고 이후 비용이 높아지면서 원자력 비즈니스는 국제적으로 채산이 맞지 않게 되었다. 실제로 세계의 원자력 기업은 계속해서 원전에서 철수하고 있다. 프랑스의 아레바 사社는 실질적으로 도산하여 프랑스 전력 공사에 매입되어 '국유화'되었다. 독일의 지멘스도 미국의 GE도 원전 사업에서 철수했다.

그럼에도 불구하고 후쿠시마 제1원전 사고를 일으킨 일본에서, 아베 정권은 원전 수출을 장려하고 있다. 세계적으로 불량 채권화된 원전 손실을 일본의 원자력 기업이 뒤집어쓰는 구도가 되고 있는 상황으로 어리석기 짝이 없는 행동이라고밖에는 표현할 길이 없다.

한편 국내에서는 원전=불량 채권 식의 처리가 되지 않는 까닭에 원자력규제위원회는 간사이關西전력, 규슈九州전력, 시코쿠四国전력 등 원전 의존도가 높고 경영이 어려운 전력회사의 원전을 우선적으로 심사하고 있다. 게다가 후쿠시마 원전 사고의 교훈을 잊고 안전 대책 따위는 소홀히 하고 있다. 2015년 8월 가와우치川內 원전 1호기를 재가동시켰다. 분화가 언제 있을지 모른다는 화산학자의 경고를 무시한 것으로 주변 주민에 대한 피난 계획도 갖추지 않은 채였다. 운전을 시작한 지 31년이나 지났음에도 불구하고 노후화 검사는 얼렁뚱땅 끝이 났는데 특히 주급수배관의 부식 감육腐食減肉 평가는 0.991로 허용치 1에 겨우 근접한 상태였다.

가와우치 원전은 3년 이상 운전을 정지했었다. 3년 이상 정지되었던 원전이 재가동된 예는 미국이나 캐나다에서는 14기밖에 없었다. 그 14기는 모두 재가동 후에 사고를 일으켰다. 역시나 가와우치 원전 1호기도 재가동 직후 복수기를 통과하는 파이프 다섯 개에서 해수가 흘러나오는 문제가 발생한 것이다.

원전의 안전성에 대한 우려 때문에 원전=저비용이라고 하는 주류파의 언설은 역사적 유물이 되었다. 스리마일 아일랜드를 비롯해 체르노빌 등 원전의 안전에 대한 우려는 원전의 비용 구조를 근본적으로 바꾸었다. 미국의 원전은 냉각수를 하천에서 얻고 폐냉각수는 하천에 방류하는 경우가 많아 환경 코스트가 극적으로 달라진다. 2007년 니가타新潟 현 주에쓰中越 지진으로 가시와자키가리와柏崎刈羽 원전에서 있었던 화재, 방사선 누출, 대응 기능 상실 등은 일본의 원전이 절대적으로 안전하다는 신화가 붕괴될 것을 알리는 예고편과도 같았다. 그러나 주류파의 원전 절대 안전론은 가시와자키가리와 원전이 정지됨으로써 발생하는 전력 사용 피크 시의 전력 부족을 구실로 재가동의 필요성을 강조했으며, 원전 수출 정책을 핑계로 후쿠시마 제1원전 사고를 덮었다. 후쿠시마 제1원전 사고가 있었던 2011년 3월 이후에도 전력 부족을 구실로 '윤번제 정전'을 경제산업성이 주도했지만 도쿄전력 자신이 그 필요성을 부정하면서 2주 만에 중지되고 말았다. 전력 부족을 구실로 원전 재가동을 강요하는 주류파의 '언설'은 이미 현실에 의해 부정되고 있는 것이다. 전력 부족도 원전=저비용론도 완전한 허구라는 사실은 누가 보아도 명백하다. 불량 채권화된 원전은 어디까지나 실패한 전력회사의 경영 문제인 것이다.

이미 거짓말을 반복하는 수밖에 없다

아베 정권은 선거를 치를 때마다 '경제가 최우선'이라며 아베노믹스를 전면에 내세웠지만 지금까지 살펴본 것처럼 아베노믹스의 '세 개의 화살'은 모두 실패를 거듭하고 있다. 실제로 아베 정권이 최우선적으로 다루었던 것은 특정비밀보호법 제정과 각의 결정에 의한 집단적 자위권 행사 용인, 무기 수출 3원칙의 재검토, 안전보장 관련법 성립, 원전 재가동, TPP(환태평양경제연계협정) 합의 등이었다. 아베노믹스는 명백하게 아베 수상이 '하고 싶은 일'을 가리는 방패였던 것이다.

게다가 제2장에서 본 것처럼 아베노믹스는 완전히 실패한 까닭에 아베 수상은 마치 숨을 쉬듯 거짓말을 하고 있다. 이렇게까지 공공연히 거짓말을 하고 공약을 어기는 수상은 본 적이 없을 정도다. 아베 수상에게 있어 '공약'은 유권자를 속이기 위한 수단에 불과한 것인지도 모르겠다.

과거 정책의 성패가 '검증'되기도 전에 거짓말을 거듭한다. 설사 정책이 실패해도 책임을 지지는 않을 것이다. 여론에 동조한 생색내기용 '공약'도 거짓말로 계속 덧칠되다 보니 공약과는 정반대되는, 자신이 하고 싶어 하는 정책이 만들어진다. 그것이 아베 정권의 수법인 것이다.

예를 들어 TPP 같은 경우는 2012년 12월 총선거 당시에는 'TPP 교섭 참가 6원칙'이라는 것을 들고 나왔다. 그런데 그것이 다음 해인 2013년 3월 TPP 교섭 참가를 발표할 때는 '농산물 중요 5품목의 사수'로 바뀌었다. 그리고 어느 사이엔가 TPP 교섭 타결을 최우선시하겠다며 중요 5품목 중 쇠고기, 돼지고기, 쌀, 유제품 등을 '중요 5품목 사수'에서 예외로 한다고 했다. 그리고 2015년 10월 대략적으로 합의한 내용을 살펴보면 '중요 5품목'을 관세 구분용 세목으로 나눈 총 586품목 중 3할에 해당하는 174품목에서 관세가 철폐되었다. 특히 쇠고기와 돼지고기는 약 7할이 관세 철폐가 이루어졌다. 그럼에도 불구하고 아베 수상은 "성역은 지켰다"라고 말했다. 한편 자동차 수출 문제에서는 수입이 급증했을 때 긴급적인 관세 인상을 인정하는 세이프 가드를 미국은 10년, 캐나다는 12년 연장할 수 있게 되었으며 발동 횟수의 제한도 없다. 그렇다면 미국은 자동차 관세 철폐를 최대 35년 미룰 수 있다. 양보할 것은 모두 양보하고 얻은 것은 거의 없다고 하는 것이 맞을 것이다. TPP에 의한 관세 철폐로 수출이 늘어나는 효과는 거의 없다고 봐야 할 것이다.

원전 정책도 2012년 12월 총선거 당시는 "원전에 의존하지 않아도 괜찮은 경제 및 사회 구조를 확립하겠다"라는 공약을 내세웠지만 아베 수상은 도쿄 올림픽 유치를 위해 후쿠시마 원전 사고의 상황을 '언더 컨트롤'하고 있다고 거짓말을 하더니 이윽고 '세계 최고의 안전 기준'을 강조하기 시작했다. 2014년 4월 '에너지 기본 계획'에서는 원전을 '중요한 베이스 로드 전원'으로 규정하더니 2015년 6월 종합 자원 에너지 조사회가 발표한 '에너지 기본 계획'에서는 2030년 원전이 차지하는 비율이 20~22%나 되었다. 그리고 같은 해 8월에는 가와우치 원전 1호기의 재가동이 이루어진 것이다.

경제 정책도 마찬가지다. 2015년 9월 24일 아베 수상은 자민당 총재 선거에서 무투표로 총재에 선출된 다음 처음으로 기자 회견을 열고 앞으로는 "경제를 최우선으로 하는 '1억 총활약 사회'를 지향하겠다"라고 선언하면서 '명목 GDP 600조 엔', '희망 출생률 1.8', '개호 이직 제로' 등의 새로운 '세 개의 화살'을 제창하였다. 이 신 '세 개의 화살'은 화살이 아닌 과녁=목표로 목표 자체의 실현 가능성이 의심스러울 뿐 아니라 정책 수단도 현실적인 플랜도 명확하게 밝히지 않았다. 게다가 총재 임기가 넘어가는 5~10년 뒤의 목표로 설정되어 있었다. 그런 까닭에 이 신 '세 개의 화살' 자체가 검증 불가능한 것으로 그냥 '목표'라고 말하면 좋을 수준인 것이다. 게다가 이 신 '세 개의 화살'은 예전의 '세 개의 화살'이 실패로 끝났음을 검증받지 않기 위해 끄집어낸 거짓말투성이 공약이라는 것이 분명하다. 그러나 매스컴에서 신 '세 개의 화살'을 추종하고 있는 까닭에 많은 국민들이 이 거짓말을 믿지 않을 수가 없는 것이다.

5 세컨드 오피니언 ── 당사자를 위한 언설로

당사자를 위한 언설

일본 경제가 지금까지 설명한 것처럼 '일본병'에 걸린 것이 분명해진 이상 어떻게 하면 올바르게 진단하고 또 치료를 할 수 있을까?

여러 번 되풀이해 말했듯이 경영자와 관료가 실패에 대한 책임을 회피하기 위해 당장의 경기 부양책을 사용하게 되지만 그것이 오히려 병을 오래 가게 하고 정책 수단을 점차 심화시킨다. 기득권익을 가진 자가 파워를 독점하고 '관제 과학'이 주도하는 특정 모델에 기반한 데이터에 작위적인 필터를 걸면서, 주류파 언설로 이러한 정책을 정당화하기 시작하면 사태는 한층 더 확산된다. 게다가 그들이 매스컴에 개입하여 자신들에게 불리한 데이터를 은닉하면 사태의 악화는 더욱 심각해진다.

이런 상황을 극복하기 위해서는 정보의 공개와 열린 민주주의적 논의가 보장되어야 한다. 그리고 당사자의 입장에 서서 일단 데이터의 적용 방식이 현장에 맞는지 맞지 않는지 살펴야 한다. 또한 열린 방식의 민주주의적 토론이 없으면 데이터에서 얻은 귀납과 연역이 올바른 루프를 거친 것인지 보증할 수 없다. 이런 점을 고려하여 '일본병'을 고치는 작업을 시작하여야 하며 의료 부문의 세컨드 오피니언의 생각도 참고해야 한다. 그렇게 해야 특정 모델의 왜곡을 회피할 수 있는 과학적 사고방식을 제기할 수 있기 때문이다.

유방암 치료로 본 세컨드 오피니언

20세기부터 21세기에 걸쳐 의학계에서 가장 큰 전환이라고 할 수 있는 것은 세컨드 오피니언이 당연한 것이 되었다는 점이다. 세컨드 오피니언은 유방암 치료에서 시작되었다. 유방암 치료의 역사는 의외로 오래되었는데 기원전 만들어진 파피루스에 임호테프라는 의사가 유방암을 수술했다는 기록이 남아 있다. 일본에서는 1804년 하나오카 세이슈華岡靑洲가 전신 마취라는 전 세계적으로도 최신 기법을 이용해 유방암 절제 수술을 했다. 그러나 유방암은 수술 뒤 재발이 높은 것이 문제였다.

1882년 미국의 존스 홉킨스 대학의 외과 교수 윌리엄 할스테드가 암 발생 부위뿐 아니라 유방, 근육, 림파선까지 전부 절제하는 수술을 집도했다. 그 전까지 수술한 부분 주위에서 60~70% 확률로 암이 재발한 것에 비해 할스테드가 집도한 수술은 6%의 재발율에 그쳤다. 그 뒤 할스테드가 자신의 수술법에 몇 가지 개량을 더한 것이 20세기 유방암 수술의 기본이 되었다. 단, 할스테드의 마지막 보고서에도 기록되어 있지만 233건의 수술 가운데 3년 이상 생존한 환자는 42.3%로 50%에는 이르지 못했다.

1970년대 들어 버나드 피셔 등이 대규모 임상 시험 결과를 발표, 할스테드 수술보다 적은 절제로 항암제와 방사선 치료, 호르몬 요법을 사용하면 더욱 좋은 치료 성과를 얻을 수 있다는 것을 알게 되었다. 피셔 등은 유방암의 세포가 기저막이라고 하는 라인을 넘어 확산되면 온몸에 전이되므로 그 주변을 절제해도 그다지 효과가 없으며 오히려 온몸의 치료가 중요하다는 이론을 주장했다.

이런 결과로 인해 미국에서는 뜻밖에도 보험회사가 암 치료에 대해 비싼 의료비 절약을 하기 위해 다른 의사의 의견을 묻는 세컨드 오피니언 제도를 추진하게 되었고 이것이 일반에 확산되었다.

그러나 일본에서는, 오랜 기간 유방암 치료는 의사마다 진료과마다 병원마다 각각 행해졌고 유방암 진찰을 주로 했던 외과 의사들의 방침에 따라 할스테드식 수술이 이루어졌다. 그것이 싫다면 다른 병원으로 가라는 식의 대응을 당연하다는 듯이 했다. 그 때문에 기존 구조에서는 최선의 치료를 받기 어렵다며 다른 의사의 의견을 구하는 것이 비통한 외침으로써 요구되었다. 세컨드 오피니언이 보급되고 일본에서 유방 온존 수술법이 50% 이상 성공하게 된 것은 21세기에 들어온 이후였으며 불충분하게나마 '암 대책 기본법' 등이 정비된 것은 2007년이 되어서였다.

세컨드 오피니언의 규칙

세컨드 오피니언은 유방암에 외과 절제, 방사선 조사, 약물 치료 중에서도 호르몬 요법, 항암제, 분자 표적 약물, 항체 의약품 등 다양한 치료법이 있는 것을 전제로 한다. 그리고 주치의는 환자가 세컨드 오피니언을 희망할 때는 그때까지의 경과를 비롯해 검사 정보를 제공하게끔 되어 있다. 또한 암은 진행 단계에 따라 치료 방침이 달라지므로 초기의 검사적인 치료부터 진행 뒤 적극적인 치료를 그만두고 통증이나 고통을 완화하는 요법까지 단계별로 치료법도 바뀌는 것이 당연하다.

이른바 데이터에 의한 예측의 과학에 따른 방침이 중요한 것이다.

세컨드 오피니언에 관련된 의사에게는 네 가지 규칙이 있다.

첫 번째는 환자에게 있어 괴로운 일이라도 정확하게 전해야 한다는 것이다. 20세기에는 '암'이라는 진단명조차 전하지 않았다. 이래서는 환자가 판단할 수가 없다. 우선 사전에 예측을 정확히 하지 않으면 논의는 성립되지 않는다. 정보 조작은 금물인 것이다.

두 번째, 환자가 이해할 수 있도록 전하는 것이다. 여러 의학 지식을 정확히 환자에게 전하는 일은 상당한 노력과 주의가 필요하다. 그렇지만 무엇보다 환자의 이해를 돕는 일이 중요한 것이다.

세 번째로는 환자에게 강요하지 않는 것이다. 설명을 이해하기 쉽게 하려고 하다가 잘못 설명하는 경우도 많다. 특히 이해하기 쉽게 한다는 말의 의미를 착각해 결론만 강요해버리는 일에 주의를 기울여야 한다. 왜냐 하면 세컨드 오피니언을 담당하는 의사도 외과의이거나 방사선과 내지는 내과 의사인 경우가 많다. 자신이 잘 아는 치료법이나 자신의 경제적인 이익이 걸려 있는 경우가 많을 수밖에 없다.

네 번째로는 의사는 자신의 의견과 다르더라도 환자의 결정을 존중하고 지원해야 한다는 것이다. 의사의 세컨드 오피니언은 어디까지나 환자가 자신의 의사를 결정하기 위한 조언이라는 사실을 자각해야만 한다.

이는 베이즈적 의사 결정 구조와 극히 비슷하다고 할 수 있다. 가장 먼저 사전에 예상을 정확하게 하는 것이 중요하다. 어떤 암이건 현재 어떤 상태인지 파악하고 다양한 데이터를 가능한 한 선입견 없이 더해야 한다.

그러나 사후 예측을 하는 일은 환자의 몫이다. 세컨드 오피니언은 한 번만이 아니라 단계가 바뀔 때마다 필요하다. 실제로 개호 보험에서는 케어 매니저가 이런 입장에서 정보 제공을 해주는 사람이 된다. 사업자에게 위탁하는 것이 문제되고 있긴 하지만 그래도 조금씩 개선되고 있는 중이다.

현장이 아니면 불가능한 피드백의 재조정

복지, 의료, 고용, 농촌 등 지역 현장이 아베노믹스로 인해 정체에서 쇠퇴로 접어들 때 가장 중요한 것은 현장에서의 피드백이다. 현장에서의 상세한 재조정이 필수인 시기이기 때문이다.

지역의 생활은 다양한 제어 구조가 다중적으로 겹쳐져 있다. 유방암을 치료할 때 우리는 암 세포 전부를 아는 것은 아니다. 암 세포 덩어리에는 다양한 유전자 변이를 가진 세포가 존재하기 때문에 항암제나 방사선 치료의 효과를 예측하기 어렵다. 그렇다 하더라도 경험적으로 얻은 정보를 토대로 최적의 조합을 찾아 치료를 해야 되기 때문에 한 사람의 전문가에게 모든 판단을 맡기지 않고 끊임없이 다른 전문가에게 치료의 효과와 다른 가능성을 상담하는 길을 찾는 것이 중요하다.

마찬가지로 '일본병' 역시 피드백의 구조가 파괴되고 있는 가운데 지역에서의 재조정도, 거주하는 주민 한 사람 한 사람의 생활에 입각해 어떤 대응책을 우선하는 것이 좋을지 다양한 가능성이 존재한다. 그 가능성을 가능한 한 지역의 결정권을 살려 적합한 대응책을 찾아야 하며 문제가 발생하면 대응책을 바꿀 수 있도록 하는 것이 중요하다.

그렇기 때문에 다양한 자치체의 대응책에는 선택지가 필요하며 대응에 대한 결과를 판단할 때는 세컨드 오피니언 같은 정말로 이해관계가 없는 전문가의 평가를 참고하는 것이 중요하다. 그리고 당사자들이 참가하여 공개적이고 민주주의적으로 논의할 장소가 반드시 필요하다. 지역에 고용을 창출하는 에너지라든가 복지 같은 분야에서 지역 민주주의의 형성을 촉진하는 분산 네트워크 형태의 사회 시스템이 요구되는 것이다. 지금 나라 전체적으로 고용과 복지의 해체 및 격차의 확대가 이루어지는 가운데 가능한 한 세밀하면서 현실을 기반으로 하는 피드백의 재건은 반드시 필요하다.

제5장
에피게놈 병으로서의
장기 쇠퇴

1 제어계의 제어의 구조

다이내믹스의 시점

'일본병'은 생활습관병과 같은 만성병으로 정착되고 있다. 지금까지 있었던 표층적인 논의의 실패가 '잃어버린 20년'을 가져온 사실을 바탕으로 그 본질적인 메커니즘을 살펴보는 일이 이번 장의 과제라 할 수 있다.

100년에 한 번 일어나는 금융 위기라 불렸던 리먼 쇼크 뒤 금융 위기의 근원이었던 미국 경제는 표면적으로는 회복하고 있는 것처럼 보이는 데 반해 서브프라임 문제와의 관계가 적었던 일본이 더욱 심각한 실물 경제의 추락을 경험하고 있다. 물론 그리스 등 일부 유럽 국가에서는 소브린 리스크sovereign risk라는 국가 존립까지 위태로워질 수 있는 위기를 맞고 있다. 표면적인 경제 위기의 지표로는 이해되지 않는 국내 경제의 메커니즘과 글로벌 경제의 변동을 낳는 위치 에너지의 변화를 함께 이해할 필요가 있다.

리먼 쇼크가 가지고 온 '예측의 조작'과 '고삐 풀린 황소 같은 데이터 과학'의 검토를 통해 지금의 글로벌한 초저금리와 비정상적인 금리 완화는 리먼 쇼크의 해결책이 아니라 다른 형태의 경제위기를 반복하며 더욱 심각해질 가능성이 있음을 알 수 있다. 아베노믹스의 귀결을 예측하는 데에는 일본은행에 의한 이차원 금융 완화라고 하는 제2차 세계대전을 제외하고는 예를 찾을 수 없는 이상 사태의 본질적인 위험성을 알아야 한다.

경제학적 의미에서 '신용'은 은행이 예금자의 신뢰를 기반으로 자금을 확대 투자하는 구조라고 할 수 있다. 그러나 '신용'은 신뢰의 상호 의존 관계가 무너지는 순간 수축하고 쇼크를 일으킨다.

우리는 『역시스템학』에서 제어계의 다발로서 생명과 시장 경제를 생각해야 한다고 제창했다. 단순한 유전자 결정론을 비판하고 다중적인 조절 및 제어 구조가 심어져 있다는 것을 밝혀내었다. 게놈 과학의 발달은 눈이 부실 정도이며 해독된 게놈은 수정란에서 60조 개의 세포가 되는 동안 다양한 상호작용 속에 '에피게놈'이라 불리는 또 다른 정보를 가지게 되는 것을 알게 되었다.

수천 개 있는 유전자의 제어계 중에서 에피게놈에 의해 각각의 세포에서는 일정한 제어계가 작용하고 나머지는 억제된다. 그에 따라 각각의 세포가 다른 제어계로 분화하면서 같은 제어계를 가진 협조 시스템이 성립되는 것이다. 즉 에피게놈은 개개의 유전자 제어보다는 상위이지만 게놈이라고 하는 전체적인 정보와 세대의 교대보다는 하위인 중간적인 제어 시스템이다. 또 암이나 생활습관병, 만성감염증의 대다수는 에피게놈 병의 일면을 가졌다는 사실을 알게 되었다. 다이내믹스의 제어계로서 에피게놈이 있는 것이다.

이번 장에서는 '일본병'의 메커니즘을 에피게놈 변화의 시점에서 살펴봄으로써 신뢰가 지속되는 '신용'의 창출에 대해 생각해보기로 하겠다.

에피게놈—제어계의 제어계

미생물부터 인간까지 다양한 생물의 DNA 배열을 게놈 해독을 통해 읽어가는 가운데 지금까지 수수께끼였던 진화의 구조를 상당 부분 알 수 있게 되었다. 생물의 진화는 다양한 외계의 변화에 적응함으로써 살아남고 환경이 좋아지면 증식하는 일을 반복하면서 이루어졌다. 그 과정에서 직선적인 증식보다는 주기적인 위기에 견디는 구조가 진화되었다.

배열의 비교에서 알 수 있는 것은 유전자가 중복되어 세트 수를 늘임으로써 진화를 했다는 것이다. 대장균이 약 6천 개의 유전자를 가지고 있는 데 반해 인간은 2만 개가 넘는 유전자를 가지고 있다. 쥐와 비교해도 인간은 몸의 형태를 만드는 일에 관련되는 호메오박스homeobox라는 유전자 세트를 네 배 많이 가짐으로써 60조 개의 세포를 일란성 쌍생아가 똑같이 자라는 것처럼 절묘하게 컨트롤한다.

거기에 60조 개 세포 전부의 설계도가 그려져 있다기보다 수천개의 제어계의 다중적인 제어 메커니즘이 진화하는 것이다. 인간으로 향한 진화는 게놈의 전체 단백질 정보를 가지고 있는 2% 부분보다도 그 유전자의 작용을 제어하는 일에 관련된, 과거 '정크DNA'라고 불렸던 98%의 배열에 그려져 있다.

유전자가 중복되어 진화하면 같은 제어 메커니즘이 서로 다른 상태에서도 사용되게 된다. 인간의 세포는 산소가 부족해지거나 영양이 부족해지거나 산성이나 알카리성이 변하거나 온도가 올라가거나 내려가거나 하면 생존을 유지하는 일이 곤란해진다. 이러한 외계의 변화에 대해 특정 유전자 세트를 사용하고 다른 유전자 세트는 억제해두는 구조가 진보한다.

또한 하나의 수정란이 우리 몸속에서는 백혈구, 간 세포, 신경 세포 등 200종류의 세포로 분화된다. 이때 각각의 세포종에서는 특정 세트의 유전자가 사용되며 다른 유전자는 억제되는 구조가 교토京都대학 야마나카 신야山中伸弥 교수의 iPS 세포의 연구 등을 통해 알려졌다.

DNA는 단백질에 붙어 수식을 받고 닫힌 구조와 열린 구조를 만든다. 이를 '뒤'라는 의미의 에피epi라는 접두어를 붙여 에피게놈 정보라 부른다. 다양한 모습으로 분화할 수 있는 하나의 수정란이 에피게놈을 바꿔 분화되고 최종적으로는 사멸한다. 그런 가운데 정자와 난자가 수정할 때 리셋되어 다시 처음부터 분화를 반복하는 능력을 지니게 된다. 예를 들어 피부 세포와 같은 분화된 우리 세포는 에피게놈을 리셋하면 수정란과 같은 성질을 가지게 되는 것을 야마나카 박사가 실증한 것이다.

일벌과 여왕벌의 '격차'

에피게놈의 작용 예는 여왕벌과 일벌의 관계를 통해 쉽게 이해할 수 있다. 벌집은 한 마리의 여왕벌과 수백 마리의 수벌 그리고 몇만 마리나 되는 일벌로 구성되어 있다. 일벌은 수컷일 거라고 자주 오해를 하지만 의외로 모두 암컷으로 왕대라고 불리는 특별한 곳에서 태어난 암컷의 유충이 로열 젤리를 먹고 여왕벌이 된다.

여왕벌은 번식기가 되면 하늘 높이 날아오르고 그때 주변의 벌집에서도 수벌들이 모여든다. 운 좋게 교미한 수벌들은 교미침을 여왕벌에게 남긴 채 죽는다. 여왕벌은 복수의 수벌과 교미를 하여 수정낭을 가득 채운 뒤 벌집으로 돌아가 하루 천 개 정도의 알을 계속 낳는다. 그 나머지 유충 중 사흘째에 로열 젤리가 끊기게 되는 암컷이 일벌이 된다.

그러나 2008년 오스트레일리아의 국립대학 연구진이 유충인 암벌의 DNA를 메틸화하는 효소를 제약하자 난소가 커질수록 여왕벌과 비슷한 발달을 보인다는 사실을 알아내었다.

한편 로열 젤리를 벌이 유충일 때 투여하면 벌의 간에 해당하는 장기에서 인슐린 신호가 활성화되면서 유약幼若 호르몬이 분비된다. 로열 젤리를 계속 먹으면 유약 호르몬이 계속 나오면서 DNA와 히스톤이라고 하는 단백질의 메틸화 등의 수식이 바뀐다. 똑같은 DNA 배열을 가지고 있어도 여왕벌은 배란에 관계되는 기능이 강력하게 강화되고 그 외의 기관은 퇴화한다. 일벌은 양산되어, 3주 정도의 수명이 다하면 죽게 된다.

다세포 생물의 DNA는 히스톤이라고 하는 단백질에 싸여 있다. 수정란에서 발달하는 과정 중에 이 히스톤과 DNA가 수식되면 세포 분열 때 그 역시 복제되어 게놈 배열만의 정보가 아니라 후천적인 정보도 보유하게 되는 사실이 밝혀졌다. 앞에서 이야기한 것처럼 게놈의 수식에 의한 후천적인 정보를 '뒤'라는 의미의 접두어 에피를 붙여 에피게놈이라 부르는 것이다.

에피게놈이 변하면 세포의 기억이 바뀌면서 다양한 이상 현상이 일어난다. 로열 젤리라고 하는 영양분이 에피게놈을 바꾸고 일벌과 여왕벌의 '격차'를 만든다. 인간의 남성 호르몬이나 여성 호르몬 역시 에피게놈 정보를 바꾸고 무척이나 광범위한 영향을 준다고 알려져 있다.

2 에피게놈의 작용

세포의 분화를 기억하는 에피게놈

우리 인간은 하나의 수정란에서 비롯된 60조 개의 세포가 신체를 이룬다. 이때 어떻게 각각의 세포는 간장이라든지 신장 같은 특별한 세포로 분화할 수 있는 것일까? 오랜 기간 생명과학의 수수께끼였다.

그에 대해, 게놈의 수식으로 만들어진 에피게놈 정보 속에 기억되기 때문이라는 사실이 알려지기 시작했다. 에피게놈은 세포가 분열하여 하나가 둘, 두 개가 네 개가 되는 과정 중에 변화하여 세포의 기억을 만든다. 게놈 수식의 정보는 세포가 분열할 때 복사되어 다음 세대의 세포로 이어진다. 그렇게 세포 분열을 반복하면서 변하는 세포의 기억이 에피게놈으로 기억된다.

주기성이 같은 주기의 반복이 아니라 다른 주기의 반복으로 기억되는 것이다. 이 때문에 인간의 몸에서 분화한 세포와 장기를 도너인 사람으로부터 떼어내어 레시피언트에게 이식하면 이식된 세포와 장기는 도너의 몸에서 가지고 있던 기능을 레시피언트의 몸에서 발휘한다.

그리고 정자와 난자가 수정란을 만드는 과정에서 이것이 리셋되어 다능성을 가진 줄기 세포가 만들어진다.

에피게놈 스위치의 구조

영양의 컨트롤에서도 서모스탯thermostat 같은 게놈의 피드백 제어의 심층에 '서모스탯이 작동할 적절한 온도'를 결정하는 에피게놈 같은 구조가 존재한다.

에피게놈의 리셋은 하나의 신호에서는 일어나지 않으며 복수의 신호가 필요하다는 것을 야마나카 신야 박사의 iPS 세포 연구를 통해 알게 되었다. 성장하여 노화된 세포라도 수정란과 같은 DNA 배열을 하고 있는 게놈 정보를 가지고 있으므로 에피게놈 정보를 리셋할 수 있으면 수정란과 마찬가지로 젊고 건강하고 여러 세포로 분화할 수 있는 가능성이 생길 것이라고 생각한 야마나카 박사는 쥐의 분화한 세포와 유약幼若한 다수의 세포로 분화 가능한 능력을 가진 세포의 유전자 양을 가능한 한 많은 유전자를 사용해 망라적으로 비교했다. 그리고 네 개의 유전자를 발현시키면 유약화하는 에피게놈의 상태를 안정적으로 만들 수 있는 사실을 발견했다. 네 개의 신호가 파란불이 되지 않으면 안정적인 에피게놈의 리셋은 되지 않는 것이다. 이 외에도 에피게놈을 바꾸는 정보는 복수의 신호로 만들어져 있는 경우가 많다는 것을 알게 되었다.

제어계의 제어계인 에피게놈은 스위치가 잘못 들어가면 많은 문제가 발생한다. 복수의 스위치가 온이 되어야 비로소 확실하게 작동하도록 조합되어 지배되고 있다. 복수의 제어계의 작용이 겹쳐야만 준안정적인 상태의 스위치가 켜지는 것이다.

복수의 정보가 지배되면 에피게놈은 고정되기 쉬워진다. 제어계의 제어가 변화하여 정보의 지배를 통해 '격차'가 고정화되면 정보와 규칙을 지배하는 'A급 국민'과 정보를 은폐당한 채 규칙으로 지배되는 'B급 국민'을 만들어내는 구조는 '주류파의 언설'에 의해 유지되고 고정화되기 쉬워진다.

생존을 위한 진화

에피게놈이라고 하는 제어계의 제어계는 살아남기 위한 진화라고 여겨지고 있다. 에피게놈이 가장 크게 변화하는 것은 산소나 영양이 없어졌을 때다. 우리 인간의 세포는 산소가 없으면 수 분 만에 죽는다. 천천히 산소가 줄어들어도 세포에게는 위기다.

산소 농도가 급격히 저하되면 인간의 세포는 많은 유전자의 움직임을 긴급하게 셧다운시킨다. 그리고 산소를 운반하는 구조, 혈관을 늘이고, 적혈구를 증가시키고, 헤모글로빈을 늘리려고 하는 움직임이 발동된다. 세포 안의 대사가 변하면서 산소가 없어도 에너지를 얻을 수 있도록 대사 경로의 전환까지 이루어지는 것이다.

영양이 부족해지는 것도 마찬가지지만 인간의 몸은 에피게놈 스위치를 켜서 위기를 회피하려고 한다. 태아 때 어머니의 태내에서 생육 중 영양분이 부족했던 아이는 성장해도 영양분을 비축하여 기아에 대비하려고 하는 탓에 비만이나 생활습관병에 걸리기 쉽다.

에피게놈의 비정상적인 영향은 간접적인 탓에 얼핏 보아서는 알기 힘들다는 특징이 있다. 저산소나 저영양에 반응하는 에피게놈 유전자에 이상이 있는 쥐를 만들면 산소와 영양분이 충분할 때는 얼핏 뚱뚱한 것 외에는 외관상 이상을 찾을 수 없다.

그러나 이 쥐는 추워지거나 영양분이 부족해도 지방을 태워 에너지로 바꾸는 일을 할 수 없다. 이 때문에 차가운 자극을 가하면 죽기 쉽다. 또 당분을 과도하게 투여하면 당뇨병에 걸리기도 쉽다. 그야말로 생활습관병에 걸린 쥐인 것이다. 생활습관병이란 그저 혈당 혹은 혈압이 높다는 의미가 아니다. 칼로리를 제한해 특정 시기 날씬하다 하더라도 금방 리바운드로 원래 체형인 비만으로 돌아온다.

'격차 사회' 역시 마찬가지다. 정보가 은폐된 상태에서 규칙에 지배당하는 'B급 국민'으로 전락한 사람들은 계속 빈곤과 불안정에 고통 받는다. 그것은 에피게놈, 즉 제어계의 제어계가 이상해졌기 때문이다. 그러나 그 메커니즘은 살펴보기 어렵게 되어 있으며 가난한 것은 자신의 책임이라고 호도된다. 지방이 쇠퇴하는 것은 주민이 게으르고 창의력이 없기 때문이라는 것이다.

에피게놈을 암 세포가 사용한다면?

이런 구조를 암 세포도 사용한다. 암 세포는 증식, 확산됨에 따라 전이나 침윤에 의해 혈관도 적고 영양분이나 산소를 얻기 어려운 곳까지 확산된다. 그렇게 되면 저산소 및 저영양 상태를 감지하고 에피게놈을 변환하여, 증식 스피드는 오히려 떨어지지만 적은 산소와 영양으로도 살아남을 수 있는 성질로 바뀌게 된다. 주위의 혈관 세포를 증식시키는 인자가 나타나 혈액 공급을 꾀한다. 주위 세포에 영양분을 방출시키며 둘러싸려고 한다. 암이 진전되면 환자에게 눈에 띄게 살이 빠지는 악액질惡液質 현상이 나타나는 것은 바로 이 때문이다.

저산소나 저영양 상태에 강한 세포는 항암제와 방사선 치료에도 강하다. 그 때문에 암을 치료하다 보면 살아남은 세포는 저산소 및 저영양 상태에 내성을 가진다. 저산소와 저영양에 내성을 가지는 암 세포는 그때까지 전이가 잘 되지 않았던 곳, 뼈 같은 곳에도 쉽게 전이되며 치명적이 된다. 이런 식의 악순환을 담당하는 것이 바로 에피게놈이다.

'격차 사회'에서도 마찬가지다. 'A급 국민'이라고 불리는 사람들은 정보를 입수할 수 있고 규칙으로 보호받는다. 'A급 국민'은 '부자 아빠'로서 좋은 평가를 받는다. 주류파의 언설에서는 그 내실을 숨기기 위해 '상류층'에 대한 신화가 사용되는데 특별한 재능과 노력을 하는 사람만이 '성공'할 수 있다는 이야기가 만들어진다.

그리고 전체 구성원 중 태반이 넘는 'B급 국민'들이 격차의 바다에 침몰하게 되면 내수는 감소하고 지방은 괴사를 일으킨다. 농촌은 쇠퇴하고 환경 또한 파괴된다. 점점 더 도심의 내부 순환선 안쪽에 투자가 집중되고 올림픽 또한 특정 대기업을 구제하기 위해 스포츠 진흥을 위한 예산이 아니라 경기장 건설 예산이 폭등한다. 마이넘버 역시 국민의 공평한 세금과 사회 복지 때문이 아니고 IT 및 전자 회사와 카드사의 이익을 위한, 보안도 엉터리인 이상한 제도가 되고 있다.

'일본병'은 에피게놈 병이다

'일본병'은 1980년대 후반 버블 이후의 거대한 에피게놈의 변화에서 태어났다. 막대한 민간 채무를 책임도 묻지 않고 정부 부채로 전환하고 경제의 제어계를 제어했는데, 쉽게 말하면 에피게놈이 크게 상처를 받았다. 그럼에도 불구하고 규제 완화라고 하는 피드백의 해체 강화를 주장하는 고이즈미 '구조 개혁'이 시작되면서 사회의 해체가 진행되었다. 게다가 금융 자유화 노선의 연장이자 세계적 금융 위기 사태라 할 수 있는 리먼 쇼크가 일어나면서 더욱더 제어계의 제어가 흔들리고 말았다.

리먼 쇼크로 인해 세계 곳곳에서 제로 금리라는 비상식적인 양적 금융 완화가 일어났고 그런 미증유의 사태 속에서 '예측을 조작할 수 있다'고 주장하는 아베노믹스가 실시되면서 온갖 수단을 동원해 당면한 상황만 넘기는 방책이 반복되었다. 경제의 제어계를 제어하겠다던 금융 정책과 재정 정책은 국민을 둘로 나누고 정보 은폐와 규칙의 지배 속에서 'A급 국민'과 'B급 국민'의 격차를 낳았으며 고정화하기 위해 이용되었다.

이렇게 에피게놈 병이라고도 할 수 있는 '일본병'이 일본 전체를 침식했다.

그러나 금융 정책과 재정 정책을 통해 이루어진 제어계의 제어의 변화는 직접적인 실생활에서 한 걸음 떨어져 일어난 탓에 느끼기 어렵다. 그 정보를 더욱 숨기기 위해 모든 수단이 동원되었다. NHK 등의 매스컴에 대한 압력이라든지 'SPEEDI(긴급시 신속 방사능 영향 예측 네트워크 시스템)'를 비롯한 원전 관계의 정보 은닉, '특정비밀 보호법', 실질적인 답변이 없는 '안전 보장 관련법', 비밀 교섭으로 이루어진 'TPP 포괄 합의', 헌법 53조를 무시한 '임시 국회 개최 거부' 등 정보를 숨기기 위한 일들이 계통적으로 발생했다. 그리고 "후쿠시마 제1원전 사고의 처리 상황은 언더 컨트롤이다", "TPP는 일본 경제를 활성화시킬 것이다" 등 정보가 없는 가운데 이미지 선전이 대량으로 반복되었다.

에피게놈 병은 스트레스에 대한 저항력을 잃게 만든다. 앞에서 이야기한 것처럼 에피게놈의 효소에 유전자 이상을 일으킨 쥐는 비만으로 지방이 많이 있음에도 차가운 자극에 지방을 연소시킬 수 없어 에너지를 만들지 못하고 죽는다.

'일본병'이 에피게놈 병이라고 한다면 리먼 쇼크로부터의 탈출이 전 세계에서 가장 늦은 것처럼 다음 쇼크에서도 커다란 대미지를 입을 것이 분명하다.

3 장기 쇠퇴의 시작

'일본병'에 이르는 길

아베노믹스 실시로 일본 경제는 드디어 장기 쇠퇴의 과정에 접어들었다. 단순히 종래의 실패가 연장되는 것이 아닌 본질적인 쇠퇴의 길로 들어섰다고 할 수 있다. 앞에서 본 에피게놈과 관련된 사고방식으로 이 '일본병'을 일으키는 메커니즘을 살펴보자.

몇 가지 지표를 재확인하겠다.

먼저 '잃어버린 20년' 동안 일본의 GDP는 거의 정체되었다. 그 점은 아베 정권이 되어서도 바뀌지 않았다. 단 아베 정권이 된 이후 경제 성장이 없는 상태에서 급격한 엔저 현상을 일으킨 까닭에 달러 기반으로 본 일본의 GDP는 급속도로 감소했다. 2012년과 2014년을 비교하면 그 사실을 알 수 있다. 1위인 미국의 GDP는 16.16조 달러에서 17.42조 달러로 약 7.8% 증가했다. 2위 중국은 8.38조 달러에서 10.38조 달러로 약 23.9% 증가했다. 이에 비해 일본은 5.95조 달러에서 4.61조 달러로 22.5%나 감소했다. 결과적으로 일본의 달러 기반 GDP는 2위인 중국의 71%에서 44%까지 떨어졌다. 즉 중국의 절반 이하로 떨어진 것이다.

달러 기반으로 본 1인당 GDP를 살펴보면 2012년 4만 6,661달러에서 2014년 3만 6,331달러로 크게 줄어들었다. 과거 3위까지 상승했던 1인당 GDP는 2014년에는 27위까지 떨어졌는데 이는 세계 경제에서의 일본 경제의 급속한 지위 저하를 단적으로 나타내고 있다.

그런 배경 속에 과거 세계 유수의 점유율을 차지했던 일본 제품은 자동차 등 일부 제품을 제외하고 급속도로 점유율이 떨어졌다. 반도체, 슈퍼 컴퓨터, 액정 패널, 액정 TV, 휴대 음악 플레이어, 카 내비게이션 등이 그 전형적인 품목이다. 일본 제품의 국제 경쟁력 저하가 현저한 것이다.

한편 격차와 빈곤의 확대는 이어지고 있다. 1997년 상대적 빈곤율이 14.6%였던 것에 비해 2012년에는 16.1%가 되었다. 생활 보호 세대수도 버블 붕괴가 본격화된 1990년대 중반 이후 계속 증가하고 있다. 그리고 아베노믹스하에서도 그 증가세는 멈추지 않았다. 2012년도는 약 155.9만 세대, 수급자 수는 약 213.6만 명이었지만 2015년 7월에는 약 162.8만 세대, 수급자 수는 약 216.5만 명에 달하게 되었다.

빈곤 상태에 있는 17세 이하 어린이의 비율을 나타낸 '어린이 빈곤율'은 1997년 13.4%였지만 2012년에는 16.3%에 이르러 어린이 여섯 명 중 한 명은 빈곤 상태에 있다. 편부모 세대의 약 9할

이 모자 세대이며 태반이 비정규 고용으로 일하고 있고 연수 평균은 180만 엔 정도로 일반 세대의 3할 정도밖에 되지 않는다. 후생노동성에 따르면 모자 세대 등 편부모 세대의 빈곤율은 54.6%로 그 외 다른 모든 세대의 평균보다 네 배 이상 높다. 아이의 대학 등 진학률도 41.6%로 전 세대 평균보다 30포인트 가까이 낮은 상황이다.

지역의 쇠퇴 역시 심각하다. 세계 경제의 글로벌화로 공장이 유출되면서 고용의 장이 상실되었고 저출산 및 고령화 같은 인구 감소가 진행되는 지역이 늘어나고 있다. 고이즈미 정권의 '구조 개혁' 과정에서 지역의 중핵이 되는 공립 병원 등이 파산하거나 진료소로 격하되는 사태가 발생했고 초중고등학교의 학교 통폐합도 진행되었다.

동시에 지방의 단체장 선거와 지방 의회 선거에서 무투표 당선의 비율이 높아지고 있다. 전국 지방 의회 의원 선거에서 무투표 당선의 비율은 2006년 10.0%, 2010년 15.5%, 2014년 17.2% 등으로 증가하고 있다. 2015년 제18회 통일 지방 선거의 후반전에서는 142개 단체장 선거 중 89개 시장 선거에서 3할에 해당하는 27개 시가 무투표로 당선이 결정되었다. 586개 지방 의회 의원 선거 중 295개 시의회 의원 선거에서는 무투표 당선자가 총정수의 3.58%에 달하며, 41개 도부현道府県 의회 선거에서도 전 선거구의 33.4%에 해당하는 321개 선거구에서 무투표로 결정되었다. 무투표 당선의 증가는 지역 문제를 민주주의적으로 해결할 수 있는 힘의 쇠퇴를 의미한다. 이러한 지역의 쇠퇴는 인간답게 생활할 수 있는 장소의 상실을 의미한다.

장기 쇠퇴는 왜 일어났을까?

이러한 쇠퇴는 언제부터 시작된 것일까? 인구 감소가 디플레이션의 원인이라는 모타니 고스케藻谷浩介의 주장(『디플레의 정체 -경제는 '인구의 파도'로 움직인다デフレの正体 -経済は「人口の波」で動く』 가도카와쇼텐角川書店, 2010년)도 있지만 그것은 극히 표층적인 관찰이라 하지 않을 수 없다. 지금의 유럽을 보면 알 수 있는 것처럼 버블 붕괴와 불량 채권 처리 실패로 말미암은 신용 수축이 직접적인 원인이다. 그리고 그 뒤 '구조 개혁' 노선 아래에서 고용 유동화 정책과 임금 억제의 상습화가 디플레이션을 정착시켰다. 그렇게 되면서 결혼도 출산도 할 수 없는 젊은이가 증가하게 되었고 저출산 및 고령화를 가속시켰다.

장기 쇠퇴에 들어간 '일본병'은 단순한 인구의 재생산 문제가 아니다. 구조적인 에피게놈 병으로서의 문제가 존재한다.

제4장에서 말한 것처럼 디플레이션하에서 실행된 '구조 개혁'은 고용 유동화와 지역 의료 붕괴를 한층 더 진행시켰을 뿐 아니라 새로운 산업을 창출하기는커녕 일본 제품의 국제 경쟁력을 잃게 만들었다. 그로 인해 결국 재정 적자 의존 이외에 수요 부족을 감당하지 못하고 계속해서 금융 완화 정책을 강화하는 수밖에 없었다. 이런 구조 변화가 있었던 탓에 한 차례 리먼 쇼크로 금융 수축이 일어나자 서브프라임 론의 직접적인 피해는 다른 나라보다 훨씬 적었음에도 실체 경제에 대한 영향은 훨씬 컸고 여전히 회복이 되지 않은 상태이다. 이는 내부 제어계의 기능 부전이 현저해지는 에피게놈 부전이 일어나고 있음을 알려준다. 이 늪과 같은 악순환은 어떻게 시작된 것일까?

'잃어버린 20년'이라는 말이 나타내는 것처럼 그 기원은 버블 붕괴 후 불량 채권 처리의 실패였다. 구체적으로는 엄격한 불량 채권 심사와 함께 대손충당금을 확보하거나 은행을 일단 국유화해서 불량 채권을 떼어낸 뒤 재민영화하는 방법을 써야만 했다. 특히 전자의 경우 대손충당금 기반으로 기업 재건을 준비하는 것이 필수적이었다. 그렇게 하기 위해서는 은행 및 기업 경영자들에게 분식 회계의 책임을 물을 필요가 있었지만 그러지 않았다.

즉 제대로 된 제어 메커니즘을 재확립할 필요가 있을 때 그 메커니즘을 문제 삼지 않고 그 대신 일본은행은 제로 금리 정책을 폈으며 후에 일본은행이 국채를 대량으로 매입하는 양적 금융 완화 정책이 시작되면서 은행에 대량의 유동성이 공급되었다. 결국 은행 파산은 일어나지 않았고 의도적으로 자산 가격의 하락을 막기 위한 정책이 계속 채택되었다. 그리고 은행 경영자의 경영 책임이라든지 분식 회계에 대한 죄는 처벌받지 않은 채 공적 자금이 계속 투입되면서 은행은 합병을 반복했다. 결국 은행은 "너무 큰 까닭에 망하게 둘 수 없다"는 상태까지 이르게 되었고 그대로 어영부영 불량 채권 처리책이 계속되었다.

게다가 '개혁'이라는 이름 아래 '글로벌 스탠다드'라는 이름으로 자기 자본 비율 규제와 국제 회계 기준이 도입되었다. 그것을 악화시키지 않기 위해서는 분자인 자기 자본을 늘리든지 분모인 대출 총자산을 줄이는 수밖에 없다. 먼저 분자를 늘리기 위해 은행은 자산을 매각했고 상호 보유주를 방출했다. 그로 인해 글로벌리제이션이라는 이름 아래 은행을 중심으로 주식을 상호 보유함으로써 형성했던 일본형 기업 집단은 해체되었다. 그 대신 금융기관의 주식 소유의 감소를 보충하기 위해 외국인 주주가 늘어난 것은 제2장에서 이미 살핀 바 있다.

한편 자기 자본 비율 규제의 분모인 대출 총자산을 늘리지 않기 위해서 각 은행은 대출에 소극적이 되었다. 그것은 중소기업을 중심으로 희생을 강요하는 것으로 경제 성장의 기반을 붕괴시켰다. 이렇게 어영부영한 불량 채권 처리를 원활하게 진행하기 위해 법인세 감세와 공공사업 정책이 이어졌다. 재정 적자를 메우기 위해 발행하는 국채는 리스크 제로인 자산으로 인정받아 자기 자본 비율 규제의 분모를 높이지 않기 때문에 은행은 저금리 국채를 계속 매입했고 얼마 되지 않는 차익금을 얻는 형태로 한없이 오랜 시간이 걸리는 경영 재건을 도모했다. 그리고 일본은행이 국채 구입을 계속함으로써 이런 정책을 지탱해온 것이다. 제3장에서 살핀 것처럼 이런 식으로 버블기에 만들어진 민간 채무는 공적 채무로 전환되었다.

그 뒤 불량 채권 처리의 실패로 경제가 어려워지자 당면한 기업의 채산을 높이기 위해 '구조 개혁' 노선의 일환으로 노동 시장에 대한 규제 완화와 임금의 압박이 이어졌다. 앞에서 이야기한 것처럼 이에 따라 디플레 경제가 정착되었다. 특히 고용의 유동화는 젊은 세대로 하여금 결혼도 출산도 포기하게 만드는 상황을 낳았고 저출산과 고령화를 가속시켰다. 그리하여 국내 시장의 축소까지 가져오는 단계에 이른 것이다.

이렇게 보면 알 수 있는 것처럼 '일본병'은 버블 붕괴 뒤의 불량 채권 처리에서 후쿠시마 제1원전 사고까지 경영자도 감독 관청도 책임지지 않았기 때문에 야기되었다. 제어 메커니즘에서 가장 중요한 것은 네거티브한 피드백에 걸리는 일이다. 정치계, 관료계,

재벌계의 최고 책임자가 책임지지 않았던 까닭에 반도체를 중심으로 한 산업의 단기적인 재고 조정은 반도체의 국제 경쟁력 저하와 함께 실패하고 말았으며 기술 개발과 설비 투자는 경시되어 산업 구조의 전환이 늦어지고 말았다. 단기, 중기, 장기 등 모든 주기에서의 변동에도 본격적인 대응이 이루어지지 않은 결과 '일본병'은 제어 메커니즘이 듣지 않는 만성적인 에피게놈 병에 걸렸고 일본은 장기 쇠퇴에 추락하고 만 것이다.

결국 아베 정권은 인플레 타깃론이라고 하는 출구가 없는 방향으로 재정 및 금융 정책을 심화시켰다. 실제로 책임지는 일 없이 어물쩍 불량 채권을 처리하고 당장의 채산성을 중시했던 '구조 개혁' 노선을 다시 채용한 탓에 정보 통신 혁명에 동반하는 산업 구조의 전환에 따라갈 수 없었다. 그럼으로써 일본 기업은 국제 경쟁력이 떨어졌지만 계속해서 재정 및 금융 정책은 심화될 수밖에 없다. 그리하여 결국 제3장에서 말한 것처럼 성공하는 순간 파탄을 맞이하는 자기 모순을 안고 있는 아베노믹스까지 이르렀다. 당초 '플라시보'였던 재정 금융 정책은 지금은 '위험한 마약'으로 변한 상태인 것이다.

그리고 다중적 제어는 에피게놈이라고 하는 구조적, 기능적 통합이 필요하지만 그 기능이 작동하지 않음으로써 사회의 본질적인 메커니즘은 파탄하는 수밖에 없었다.

4 신용 붕괴의 예측—제어가 무너질 때

화폐와 신용이란 무엇인가

 글로벌 스탠다드 국제 통화 제도인 변동 환율제의 시행과 금융 자유화는 재정 정책보다도 금융 정책을 경기 대책의 기본으로 만들었다. 그에 따라 경기 순환은 버블과 버블의 붕괴를 반복하게 되었고 100년에 한 번 온다는 세계 금융 위기로 귀결되었다. 미국과 유럽 및 일본의 중앙은행은 정책 금리를 제로로 하여 비정상적인 금융 완화책을 취하게 되었다. 산업혁명 이후의 근대 자본주의 세계에서 처음으로 금융 시장의 기능이 마비된 희한한 사태인 것이다. 그것은 '화폐란 무엇인가?'라는 근원적인 물음과도 그 궤를 같이한다. '위기의 시대'에는 평소 알아차리지 못했던 현상의 배경이 '축약'에 의해 본질적인 근원이 보이기도 한다.

 화폐와 '금'의 연결이 화폐와 실물 경제를 지탱하고 있었지만 1971년 닉슨 대통령의 신 경제 정책에 의해 달러와 금의 교환이 정지되면서 실체 경제와의 결속을 잃은 통화 제도는 드디어 '지폐 본위제'라고 불리는 것이 되었다. 논리적으로 화폐는 신용을 잃지 않는 한 중앙은행에서 얼마든지 화폐를 발행할 수 있다. 그 뒤 변동 환율제로 이행됨으로써 환율 시장에서의 통화 간 교환 비율에 따라 상대적으로 자국의 통화 가치가 결정되는 궁극의 자본주의가 되었다. 그리고 버블의 붕괴가 반복될 때마다 미국과 유럽 그리고 일본의 중앙은행 당국은 협력하여 금융 완화 정책을 폈다. 그 결과 세계는 이들 중앙은행이 만들어낸 투기 자본이 넘치게 되었다. 또 그러는 동안 금융 자유화와 함께 리스크를 회피하기 위한 다양한 금융 딜리버티브 상품이 만들어졌다.

이러한 금융 자본주의는 2008년 9월 리먼 쇼크로 귀결되었다. 일본에서도 인플레 타깃론이 '관제 과학'이 되는 것처럼 실제로는 효과가 낮아도 재정 지출을 통한 경기 대책이 반복되었다. 중앙은행이 재정 적자를 보정하기 위해서라도 미국과 유럽 및 일본의 중앙은행 당국은 비정상적인 금융 완화 정책을 펼치게 되었다. 그러나 화폐의 가치가 (외환)시장에서 상대적으로 결정되고 기업 그 자체가 매매의 대상이 되는 금융 자본주의하에서 중앙은행에 의한 양적 금융 완화가 반복되자, 실제로는 지폐가 국가의 신용(정부와 중앙은행에 대한 신용)으로 지탱되고 있다는 패러독스가 표면화되었다.

신용에 대해 기본적인 점부터 생각해보자.

일반적인 경제학에서는 현재의 소비를 희생하여 장래의 소비를 선택하는 시간 선호에 따라 이자가 지불된다고 생각한다. 그러나 그들 저금을 모으는 은행은 그 저금을 운용하지 않으면 이자를 지불할 수 없게 되므로 빌려주거나 투자를 하지 않으면 안 된다. 은행은 예금자와 차입자 사이에서 중개를 함으로써 개개의 투자 주체는 현상現狀에서의 자금 제약을 피해 규모를 확대할 수 있게 된다.

그러나 중앙은행이 발행하는 통화와 실물 경제 사이의 연결이 끊어지고 통화 발행액에 최종적인 브레이크가 걸리지 않는 '지폐 본위제'가 되자 실체 경제의 제약을 피해 자금이 넘쳐나게 되었다. 게다가 정책 금리가 제로이고 빈번하게 금융 완화 정책이 반복되다 보니 금리라고 하는 피드백 기능이 마비될 수밖에 없다. 주식이나 부동산에 대량으로 자금이 흘러들어가 미래를 당겨 쓰는 버블이 일어나는 것이다.

그러나 버블은 반드시 꺼지기 마련이다. 그렇게 되면 은행 시스템이 신뢰의 상호 의존 관계로 성립되어 있다는 본질이 표면화된다. 예금자로부터 자금을 모으는 은행은 가능한 한 손에 쥔 유동성을 낮게 하여 대출하거나 투자를 함으로써 이익을 올리지만 상호의 신뢰 관계가 성립되지 않으면 즉시 은행은 파산한다. 버블이 붕괴되면서 은행에 불량 채권이 대량으로 발생하자 사람들은 불량 채권을 안고 있는 은행을 신용하지 않게 되었고 또 금융기관끼리도 서로를 신뢰할 수 없게 되니까 예금을 닥치는 대로 찾아가거나 콜 시장에서의 자금 조달이 안 되는 사태가 발생하는 것이다. 자금이 넘쳐나는 상황임에도 불구하고 은행은 유동성 부족으로 파산 위기를 맞이한다.

불량 채권의 엄격한 사정에 기초한 국유화를 통해 좋은 은행과 나쁜 은행을 나눠 재민영화하거나 불량 채권에 충분한 충당금을 확보하여 기업 재건에 나서는 등 본격적인 불량 채권 처리를 실시하여 은행 시스템을 재건할 필요가 있다. 그러나 현실적으로는 경영자와 감독 관청이 책임 회피에 급급하고 중앙은행은 계속 제로 금리와 금융 완화로 은행에 자금을 공급하는 방식을 택했다. 그렇게 하면 확실히 은행의 파산은 막을 수 있지만 불량 채권을 공적 채무로 전환했을 뿐이므로 재정 및 금융 정책은 더욱 확대되는 셈이 된다. 화폐는 국가의 신용에 의존한다는 또 하나의 심층 속 본질이 드러나는 것이다.

실제로 국채가 디폴트를 일으키면 중앙은행이 가진 거액의 국채 가격이 급속하게 하락하고 통화 가치를 유지할 수 없게 된다. 혹은 이와 같은 비정상적인 금융 완화는 휘발유를 뿌리는 것과 같은 것으로 거기에 전쟁 등으로 공급상 병목 현상이 나타나면 악성

인플레를 일으킨다. 그러나 그런 일은 제2차 세계대전 직후나 석유 쇼크처럼 좀처럼 일어나지 않는 일이므로 출구를 생각하지 않고 갈 데까지 가게 된다.

화폐가 가지는 신용의 배경이 되는 국가의 신용을 전제로 최대한 버티는 정책은 '국가'를 어디까지 믿을 수 있을 것인가? 하는 궁극의 의문을 불러일으킨다. 과거 시장원리주의는 어둠 속에서 민족주의와 손을 잡는 역설적인 결합을 이룬 적이 있다. 그것이야말로 자유로운 시장과 강한 국가의 결합에서 탄생하는 신보수주의의 근원이며 아베 정권의 특정비밀보호법이나 안전보장 관련법 제정의 배경이기도 하다. 시장 메커니즘과 '자기 책임'에 맡기라는 신자유주의 이데올로기는 국가가 사람들의 '기대'와 '의식'을 컨트롤할 수 있다고 하는 패러독스에 귀착하고 마는 것이다.

다극화하는 세계와 불안정화

세계 경제에 눈을 돌려보면 현재 세계는 미국과 유럽, 일본의 중앙은행의 이례적인 금융 완화 정책으로 엄청난 양으로 팽창한 페이퍼 머니 속에 둥실둥실 떠 있는 꼴이다. 얼마 전까지 세계 경제를 이끌었던 신흥국 경제는 미국의 금융 완화 축소와 함께 어려워지기 시작했다. 이미 미국에 세계 경제를 주도할 힘이 없음에도 불구하고 미국 달러가 기축 통화인 근거는 이미 국제 결제 통화로서 사용되어온 편리성과 미국 달러를 대신할 기축 통화가 보이지 않는다는 소극적인 이유 때문으로 언제까지나 미국 달러가 기축 통화로 계속 있어야 할 필연성은 사라진 상태다.

2010년 이후 세계 제2위 GDP 규모를 가지게 된 중국 경제는 2003년부터 2007년까지 두 자릿수 경제 성장을 계속했고 2007년에는 GDP 성장률이 11.5%에 이르렀다. 리먼 쇼크 후 중국 정부는 4조 위안(당시 환율 수준으로 56조 엔)의 재정 출동과 금융 완화로 극복하려고 했다. 2009년 수출은 20% 이상 감소했지만 고정 자산 투자는 크게 신장, 부동산 버블이 더욱 심해졌다. 그 부동산 버블이 붕괴되기 시작하자 주식 버블로 갈아탔지만 2015년 7월 그리스 위기를 계기로 대폭 하락했다. 게다가 실체 경제의 악화가 표면화되면서 2015년 8월 21~26일 동안 세계 동시 주가 하락이 시작되었고 그 뒤에도 불안정한 변동을 반복하고 있다.

중국에서는 1994년 분세제가 실시된 이후 지방 정부가 세원을 징수하고 직접 디벨로퍼developer(토지 개발업자—역자 주)가 되어 부동산 버블을 부추겼다. 부동산 개발의 회계는 지방의 실체 예산의 절반에 이를 만큼 커다란 규모이다. 만약 부동산 버블이 본격적으로 꺼지기 시작하면 격차를 시정하는 지방의 의료와 교육도 성립되지 않을 것이다. 중국에서 빈부의 확대는 안이한 민족주의를 촉발할 위험성을 품고 있다. 중국 정부는 지방채 제도의 정비 등을 서두르고 있지만 여전히 불투명한 상황임은 분명하다.

세계 제2위의 GDP 규모를 자랑하는 중국에서 버블의 붕괴가 본격적으로 일어나면 중국뿐 아니라 세계 경제에도 엄청난 혼란을 가져올 위험이 있다. 물론 아베노믹스로 재정 및 금융 정책의 출구가 사라진 일본은 최대 무역 상대국 중 하나인 중국 경제에 이상이 발생하면 소프트 랜딩을 한다고 해도 심각한 영향을 받을 수밖에 없다.

이런 상황에서 아시아 경제권은 미국과 중국을 축으로 세력 다툼이 격화되고 있다. 미국 달러화가 중심이 되는 국제 통화 체제 및 국제 금융 질서를 따르는 한 신흥국 경제는 불이익을 당할 것이므로 적극적으로 BRICS은행이나 아시아인프라 투자은행에서 독자적인 금융 및 신용 시스템을 구축하려고 시도하고 있다. 이에 비해 일본은 미국이 주도하는 TPP에 참가하여 아시아에 미국의 달러권을 구축하는 일에 동참하고 있다. TPP를 살펴보면 자동차에 대한 관세 철폐가 25년 뒤로 밀렸고 거기에 세이프 가드 발동이 가능한 10년을 더하면 일본은 자동차의 대미 수출에서 무역상의 이익을 기대하기 어렵다. 그뿐만 아니라 과거 관세를 물렸던 834개 품목 중 395개 품목이 관세가 철폐되면서 쌀, 쇠고기, 돼지고기를 중심으로 농산물에 큰 타격을 입게 되었다. 그 외에도 다국적 기업이 상대국 정부를 제소할 수 있는 ISDS 조항이 안전 기준 등 제도나 법규를 훼손할 위험성, 약의 지적 소유권의 실질적 연장 등 미국 측에 이익을 양보하기만 하는 형국이다. 그런 반면 아시아 무역의 비중이 높은 데도 불구하고 중국이 주도하는 아시아 구조에서 배제될 위험성이 높아지고 있다. 과거의 역사를 돌이켜보면 세계 경제에서 한 국가가 주도권을 잃고 다극화가 진행되는 전환기에는 결국 전쟁으로 귀결되었으나 그것만은 어떡해서든 피하지 않으면 안 된다.

세계 경제라는 '시스템' 아래에서

일본 경제가 재생하기 위해서는 처한 환경을 객관적으로 파악해야 한다. 현재 일본은 미국이 주도하는 정보 통신 산업 등의 첨단 산업 분야에서 미국보다 뒤처지고 종래형 산업에서는 중국 및 한국 같은 신흥국에게 쫓기는 포위된 상황에 놓여 있다.

미국은 1990년대 이후 금융과 정보 통신 산업을 축으로 한 글로벌리즘으로 세계를 석권하고 있다. 버블과 버블의 붕괴가 반복되면서 리스크를 피하거나 가볍게 하는 수단으로 다양한 금융 딜리버티브 상품이 개발되었다. 결과는 역설적으로 그것이 마약처럼 리스크 감각을 둔화시켜 도리어 새로운 버블을 만드는 역할을 하고 말았지만 말이다.

그렇게 된 이유는 예측의 과학이 가진 함정 때문이었다. 1970년대 이후 금융 자유화 속에서 피셔 블랙과 마이런 숄즈에 의해 선물 거래 및 스와프 거래, 옵션 거래 등의 딜리버티브 상품이 자의적으로 정식화되었고 엄청난 영향력을 가지게 되었다. 선물 거래는 미래 특정 시점에서의 거래 가격을 보증하는 '상품'이다. 원래는 미래에 있을 거래에 대한 리스크를 회피하거나 가볍게 하기 위해 만든 것이지만 현실에서의 거래보다 훨씬 많은 금융 딜리버티브 상품이 만들어지자 리스크를 헤지hedge해야 할 금융 상품이 오히려 오버슈트overshoot되면서 리스크를 크게 만드는 패러독스가 생긴다. 탐욕스러운 자본주의 논리로 막대한 투기 머니가 탄생하자 금융 시장은 약간의 사건이나 예상에도 크게 변동하게끔 되었다.

예측의 과학을 악용하는 일은 여기서 끝이 아니다. 이러한 금융 상품의 조합이 다수의 스텝으로 이루어지면 그 실태를 아는 일은 무척 어려워진다. 서브프라임 론 문제는 이렇게 실태를 파악하기 어렵게 된 딜리버티브를 금융 완화의 세계에서 높은 이윤이 남는 상품으로 취급하는 트릭 때문에 발생한 문제였다.

CDO(부채담보부증권)은 주택 론을 증권화해 그것을 리스크 평가에 따라 나눠 조합한 것으로 서브프라임 론의 파탄 리스크를 분산 및 흡수하는 증권화 상품으로서 만들어졌다. 분명 CDO는 주택 버블을 일으키는 일에 공헌했지만 버블이 되면서 파산하는 케이스가 적어지자 신용 평가 회사에서 CDO의 신용 등급을 올리기 시작했다. 볼러틸리티가 높은 초저금리 시대 금융 완화에 의해 서브프라임 론을 조합한 증권화 상품이 '그림자 은행 시스템'을 거쳐 대량으로 판매되었다.

그러나 이런 상품이 극히 불량 채권화되기 쉽다는 것을 알게 된 순간 신용을 잃게 되었고 매수자는 사라졌다. 매수자가 사라지자 그 증권은 너무 복잡해 아무도 실태를 모르는 탓에 오히려 시장 전체를 마비시키고 말았다. 그렇게 2008년의 리먼 쇼크는 100년에 한 번 온다는 세계적 금융 위기를 가지고 왔다. 미국은 세계를 다시 버블로 이끌 정도의 힘이 이제는 없다. 미국의 FRB는 금융 완화 정책의 축소에 이어 제로 금리까지 포기하면서 금리 인상의 기회를 엿보고 있지만 금리 인상이 실행되면 신흥국에 흘러 들어 갔던 완화 자금이 역류해 신흥국의 경제 감속을 재촉할 것이다.

물론 최후의 프론티어라 일컬어지는 정보 통신과 의약품 등의 분야에서 압도적인 투자를 기반으로 첨단 기술의 글로벌화가 급속도로 진전되고 있다. 사실 이 영역에서의 미국의 힘은 압도적인데 일본의 과학 기술은 점차 뒤처지기 시작했다.

한편 중국이 세계의 공장으로 대두한 이후 오랜 기간 진행되었던 일본 공장의 해외 이전은 리먼 쇼크와 함께 찾아온 엔고에 의해 더욱 강력하게 추진되었다. 그러나 리먼 쇼크 후 세계 경제를 이끌던 중국 경제도 버블 붕괴의 위기에 직면했으며 한국은 원고 현상으로 경쟁력이 한풀 꺾였다. 그런 가운데 생활 필수품을 만드는 제조업은 일본에서 한국, 중국, 그리고 태국, 필리핀, 베트남, 캄보디아, 미얀마 등 저임금 후발국으로 화전을 일구듯 옮겨 갔다.

이런 '시스템' 아래에서 앞에서 말한 것처럼 일본은 '신용'을 먼저 확대시킴으로써 실체 경제를 이끌고 나가겠다는 인플레 타깃론이 완전한 실패로 끝이 났다. 산업 구조는 첨단 산업 중심으로 전환하지 못하였고 종래형 산업은 글로벌리즘과 고주가 정책으로 외자에 매수되어 계속 내부유보만 축적할 뿐, 고용은 파괴되고 지역 경제도 쇠퇴가 가속되고 있다. 그런 까닭에 '일본병' 탈출이 긴박한 과제가 되었다. 그러기 위해서는 일본 경제의 과제를 주기성이라고 하는 시점에서 고찰하는 작업이 필요하다.

제6장
주기성 컨트롤이
사라질 때

1 주기성과 변화의 다이내믹스

주기성을 가진 대상을 예측하는 일의 어려움

경제 활동은 보통 경기 순환이라고 불리는 주기성을 가지고 있어 매번 똑같이 반복되는 것처럼 보이지만 사실 아주 조금씩 변화가 쌓인다. 경기 순환을 반복하면서 조금씩 경제의 구조 또한 바뀌는데 그것이 한 단계 위의 세계 경제 수준에까지 적든 많은 영향을 미치며 세계 경제는 일정 시점에 커다란 위기적 변화를 맞이한다. 그리고 그것은 다시 국민 국가 수준으로 되돌아와 그 나라의 경제 구조 자체에 큰 변화를 일으킨다. 그리하여 제도와 법규가 변경되고 다시 새로운 경기 순환이 시작된다. 이처럼 운동을 하는 것이다. 요제프 슘페터는 산업이 교체되는 거대한 파도를 50년 주기를 가진 콘드라체프 순환이라고 하며 중시했지만 지금처럼 다이나미즘까지 포함한 것은 아니었다.

말할 것도 없이 경기 순환은 호황과 불황이 반복되는 현상을 가리키지만 호황이 영원히 계속되지 않는 것은 요소요소 존재하는 제약 조건에 맞부딪치면서 경기 과열에 브레이크가 걸리기 때문이다. 그에 따라 하나의 피드백이 성립되었다. 예를 들어 1960년대 일본에서는 아직 수출 경쟁력이 약했고 원자재를 수입에 의존했던 까닭에 국제 수지의 제약이라고 하는 벽에 부딪쳤고 긴축 정책을 쓸 수밖에 없었다. 그러나 이런 경기 순환이 반복되는 와중에도 산업은 국제 경쟁력을 갖추고 점차 국제 수지라는 벽을 허물기 시작했다. 그렇게 미국의 산업적 우위가 점점 사라지게 되면서 미국의 무역 수지가 악화되자 국제 통화 체제가 동요되었고 닉슨 쇼크가 나오게 되었다.

그러나 중장기적 주기성이라는 시점에서 살펴보면 1980년대 'Japan as number one'이라 불리던 시대를 정점으로 일본 산업은 점차 부진에 빠지기 시작했다. 이런 사태를 새로운 산업 구조를 갖춤으로써 극복하느냐 아니면 종래형 산업 구조를 유지하기 위해 무리한 정책을 거듭한 끝에 쇠퇴의 길로 접어드느냐 하는 선택을 일본은 해야 했다. 결국 금융 자유화라는 조류 속에 일본 경제는 엄청난 버블 경제를 맞이하게 되었고 그것이 붕괴되자 대량의 불량 채권이라는 '암'이 발생했다. 그리고 일본은 그 암의 처리를 게을리한 까닭에 후자의 길로 들어서게 되었다.

예전 치료의 결과가 다음 질병의 원인이 된다

이처럼 일본병이 어떻게 발생했는지를 보기 위해서는 사이클(주기성)을 통해 현상을 보는 시각이 중요하다. 제3장에서 본 것처럼 병원균에 효과적인 항생물질이 만들어지면 병의 증상은 완화되지만 그 항생물질에 내성을 가진 내성균도 나타난다. 이런 사이클을 반복하다 보면 결국 다제내성균이라고 하는 평소에는 별것도 아닌 병균이 죽음을 초래하는 것이다. 이처럼 질병을 치료하기 위해 투약한 약이 또 다른 질병의 원인이 되는 현상이야말로 일본병의 중요한 특징이라 할 수 있다.

실제로 생물의 몸에 암 세포나 병원균이 확산되면 그에 대한 치료법에 따라 암 세포나 병원균 또한 진화한다. 앞에서 말한 것처

럼 푸른 곰팡이로 만든 페니실린을 인간이 사용하자 페니실린을
분해하는 효소를 가진 병원균이 나타났다. 그러자 인간은 페니실
린을 모델로 페니실린을 분해하는 효소에 파괴되지 않는 세파로
스폴린 등의 항생제를 만들었고 그렇게 되자 세파로스폴린을 분
해하는 효소를 가진 병원균이 진화해 등장했다.

이렇게 2세대, 3세대 항생제와 내성균의 반복이 일어나지만 병
원내 감염으로 문제가 되는 다제내성균은 조금 다른 메커니즘을
가지고 있다. 제3장에서 말한 것처럼 다제내성을 가진 녹농균으
로 대표되는 이 병원균은 2중으로 된 세포막을 가지고 있으며 그
2중 세포막 사이에 무척이나 많은 화학물질을 세포 밖으로 퍼낼
수 있는 펌프를 가지고 있다.

항생물질뿐 아니라 영양분까지도 일정 정도 퍼내게 되므로 이
펌프를 가진 균은 증식력이 뛰어나지 못하다. 다른 상재균이 있으
면 조용히 살아갈 뿐이다. 본성 역시 그다지 강하지 않지만 제2세
대, 제3세대 강력한 항생물질이 계속 사용되면 다른 균은 사라질
것이고 이 균만이 증식하게 된다. 그렇게 되면 만성적인 설사와 함
께 신체가 쇠약해지기 시작한다. 즉 몸 안의 상재균 생태계가 변화
한 것이다. 이런 경우의 다제내성균은 현재로서는 유효한 약이 없
는 경우가 많으므로 습기가 많은 장소의 위생이나 손의 소독 등 부
지런한 대응으로 감염 확대를 막아야 한다.

최근 녹농균의 게놈도 해독되어 펌프의 구조가 알려지면서 다
제내성 자체를 억제하는 신약이 요구되고 있다. 단기적인 대응이
가능한 페니실린, 중기적 대응을 위한 합성 항생제 스크리닝과 함
께 게놈 과학 그리고 에피게놈 과학을 이용한 장기적 치료법까지

필요한 시대가 된 것이다.

장기적 주기에는 제어계의 제어가 걸린다

장기적 주기성은 에피게놈처럼 제어계의 제어를 담당하는 메커니즘의 변동이 중요하다. 제어계는 온도로 움직이는 에어컨의 자동 스위치처럼 하나의 시그널로 움직이는 경우는 주기성을 이해하기 쉽다. 온도가 내려가면 히터로 방의 온도를 높이는 시간이 되고 온도가 올라가면 쿨러로 냉각시키는 시간이 주기성을 낳는다. 그러나 복수의 시그널로 스위치가 켜지는 에피게놈의 경우는 첫 번째 시그널과 두 번째 다른 시그널이 같이 일어나지 않으면 에피게놈 스위치는 켜지지 않는다. 이러한 두 개의 신호가 일치할 확률은 무척이나 낮으며 스위치가 켜지기까지 시간도 많이 걸린다.

두 개의 시그널이 동시에 발생하기 위해서는 저산소 상태나 저영양 상태처럼 환경의 급격한 변화가 커다란 영향을 끼친다. 생물 내부에서 발생하는 시그널이 중첩되는 경우도 있지만 사실 자주 일어나는 것은 외부 환경의 변화가 내부에 있는 복수의 시그널을 동시에 유도하는 경우가 많다. 그것이 에피게놈 변화의 스위치를 켜는 것이다.

지금까지의 리스크 이론에 따르면 원전 사고는 1억 년에 한 번 꼴로 일어난다고 했다. 그러나 현실적으로는 스리마일 아일랜드, 체르노빌 등 연이어 중요한 사고가 발생하고 있고 2007년 7월 니가타 현 주에쓰 지진으로 가시와자키가리와 원전이 예상 밖의 진도로 인한 피해를 입었을 때 후쿠시마 제1원전의 사고는 충분히 예상했어야 했다. 원전이라는 것은 내부의 개별적인 이상은 오랜 시간이 흘러야 한 번 일어날지 모르지만 거대 지진 같은 외부의 격변이 발생해 일부를 컨트롤할 수 없게 되면 다수의 이상이 연쇄 반응을 일으키게 되고 방사능이 유출되면 다른 컨트롤까지 불가능해지는 구조물인 것이다.

일본의 원자력 발전에 관한 역사는 원자력의 평화 이용이라는 목적과 함께 했다. 그러나 한 번 원전의 건설이 시작되면 대규모 공공사업인 까닭에 민관 합동 비즈니스가 되고 5,000명 이상의 공무원 및 연구원이 종사하는 커다란 국책 연구가 된다. 거기에 종합 전기 회사가 동원되고 경영자가 합류한다. 그뿐만 아니라 원폭 보유국이 되고 싶다는 정치적 의사로 인해 군수산업까지 합류한다.

산업, 군사, 학계, 관료 등의 복합체가 한번 형성되면 그것은 비대화하게 되고 제어가 되지 않는 '특구'가 된다. 스리마일 아일랜드, 체르노빌 같은 사고의 데이터를 축적하고 있음에도 오일 쇼크 이후 자원이 부족한 나라라는 위기감과 군사 기술의 인프라로서의 원자력 기술에 대한 기대가 원전의 위험성에 대한 논의를 억압하려고 한다. 그것은 제어계의 제어계가 해체되는 과정이라고 할 수 있다.

그런 까닭에 안전성 문제를 논의하려는 일 자체를 부정하려고 하는 '원전 절대 안전론'이 발생한다. 안전성이라고 하는 제어의 근간에 관련된 문제가 건드려서는 안 되는 성역으로 취급되는 일이 '일본병'의 시작이다. 그 전형적인 예가 1차 아베 정권 시인 2006년 12월 22일 있었던 국회에서의 일이다. 모든 전원이 상실되는 경우 어떻게 되는가? 하는 질문에 "모든 전원이 상실되는 일은 일본에서는 있을 수 없다"라고 하는 수상의 답변서가 제출된 것이다. 그리고 2007년 니가타 현 주에쓰 지진으로 가시와자키가리와 원전에 심각한 대미지를 입었음에도 제1차 아베 내각이 사고의 실정을 감추는 바람에 후쿠시마 제1원전의 파국이 준비되었다.

제어계의 제어가 고장을 일으키면 언젠가 커다란 리스크가 발현된다. 원전의 안전성에 대해 논의할 수 있는 기능을 잃게 되면 당장 어떤 재앙이 닥쳐올지 알 수 없다. 실제 가시와자키가리와 원전에 닥친 지진의 강도는 '예상 최대 규모'를 상회했다. 그렇다는 말은 일본이라고 하는 지진 열도에 대한 지진 규모의 예상 자체가 잘못되었다는 것을 의미한다. 그러나 그 당시 매스컴은 다음 해, 그 다음 해 닥쳐올 혹서와 온난화에 대비해 빨리 가동하지 않으면 도쿄의 전력 공급이 끊길 것이라는 말만을 반복했다.

가시와자키가리와 원전에 닥친 지진은 예상 수준이 실제보다 낮았다. 그 때문에 많은 기기가 파괴되고 지휘소의 문이 열리지 않게 되는 피해를 입는 등 예상 밖으로 시설 자체가 취약하다는 것이 밝혀졌다. 비교적 작은 규모였던 주에쓰 지진으로 인해 이런 문제가 생긴 만큼 그 이후 발생한 훨씬 큰 규모의 동일본 대지진에서는 다수의 원자로에 엄청나게 많은 문제가 발생했으리라는 것은 쉽게 예상할 수 있다.

'일본병'은 바로는 알 수 없는 제어계의 기능 상실을 초래했다.

그런 일이 우리 눈에 보이는 때는 지진 같은 외부 요인이 계기가 되는 후쿠시마 원전 사고 같은 일이나 '격차 사회'의 고정화가 만들어내는 중장기적인 사회 내부의 쇠약과 붕괴가 있을 경우다. 원전의 경우 일본 전체적인 시각에서 봤을 때 니가타의 가시와자키가리와 원전도 후쿠시마의 제1원전도 지역민을 위해 만든 것이 아니었다. 도쿄라고 하는 대도시권에 전력을 공급하기 위한 것이었다. 그럼에도 불구하고 수도권에 원전을 건설하지 않는 것은 원전의 위험성을 잘 알고 있기 때문이다. 도시는 자원이 집중되어야 하고 지방은 방사성 물질과 폐기물에 대한 리스크를 져야 하는 것이 당연하게 인식되어 있는 탓에 '일본병'이 발생하게 되었고, 그런 까닭에 지방이 져야 하는 리스크를 심각하게 고려하지 않게 되었다.

원자력 발전소만이 아니다. 기지, 댐, 원전 등 '위험 시설'을 받아들이는 것 외에는 경제적으로 지속 가능성이 사라진 지역이 계속 생기는 문제를 보다 큰 '일본병'의 구도에서 주목하지 않으면 안 된다.

현재 이루어지고 있는 인구 감소 문제도 마찬가지다. 여성이 평생 동안 아이를 갖는 횟수가 가장 적은 곳이 도쿄라는 사실은 그것을 상징적으로 나타낸다. 오키나와나 사고 전의 후쿠시마는 신생아 출생률이 도쿄보다 훨씬 높았다. 젊은 사람들의 생활에서 지속 가능성을 가장 찾기 어려운 곳이 도쿄라는 문제와 지속 가능성을 원전이나 댐, 기지에 의존해야 하는 지역의 문제야말로 '일본병'이 지닌 증상의 하나이다.

이번 장에서는 장기 쇠퇴의 다이나미즘에 대해 전후 일본 경제의 주기적인 사이클과 정책적 대응에 관련된 역사를 간략히 분석하며 고찰하겠다.

2 전후 일본 경제의 주기성의 변질

통상적으로 경제 활동에는 세 종류의 주기성이 존재한다고 일컬어진다. 첫 번째는 2~3년마다 찾아오는 재고 조정이다. 두 번째는 10년마다 오는 설비 갱신을 축으로 하는 경기 순환이다. 그리고 세 번째로 50년마다 오는 산업 구조의 변화가 주는 주기성이다.

앞에서 이야기한 것처럼 중기적인 사이클을 반복하며 그 결과의 누적이 특정 시점에 전 세계적인 산업 구조의 한계를 노출시키게 된다. 그 변화에 적응하기 위해 대폭적인 제도나 법규의 변경이 발생하는 것이다. 그리고 그에 따른 반작용으로 중기적인 사이클에 변화가 일어나게 된다. 그러나 버블의 붕괴에 대한 대처를 잘못해 불량 채권이라고 하는 '암'이 발생하면 마이너스적인 연쇄 작용이 누적되는 사이클에 들어가게 된다. 그리고 결국은 거기에서 빠져나오지 못한다. 이런 점을 감안해가며 2차 세계대전 후 경기 순환의 주기성을 간단히 되돌아보자.

전후 고도 성장기의 경기 순환

1950년대 중반부터 1970년대 석유 쇼크까지의 고도 성장기는 설비 투자 주도형 고도 경제 성장 시대라고 일컬어진다. 그림 6-1에서 알 수 있는 것처럼 고도 성장기의 경기 순환은 GDP 성장률을 웃도는 설비 투자에 이끌려가는 형태로 일어났다.

춘투(춘계 투쟁)에 의해 GDP 성장을 따라가는 것처럼 임금 인상이 실현되었고(그림 6-2 참조) 그것이 대량 생산 및 대량 소비 경제를 지탱했다. 그리고 누진적 소득세와 법인세 등 직접세 중심의 세제는 고도 성장에 동반하는 세수의 신장을 가지고 왔다. 자민당 정권은 건전 재정을 유지하였고 농촌에는 공장의 입지 분산과 공공사업

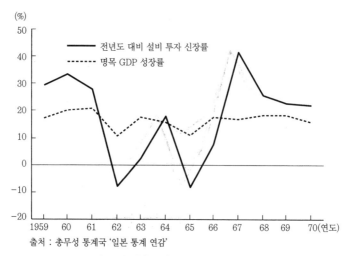

출처 : 총무성 통계국 '일본 통계 연감'

그림 6-1 설비 투자 신장률과 GDP 성장률의 움직임

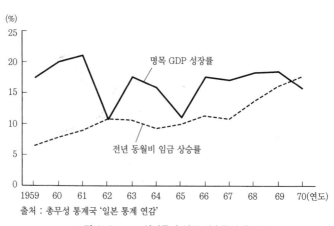

출처 : 총무성 통계국 '일본 통계 연감'

그림 6-2 GDP 성장률과 임금 상승률의 움직임

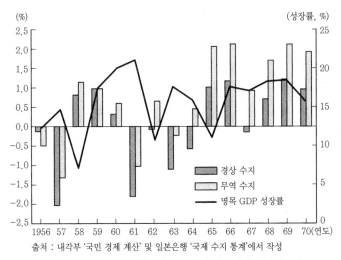

출처 : 내각부 '국민 경제 계산' 및 일본은행 '국제 수지 통계'에서 작성

그림 6-3 GDP 성장률과 무역 수지 및 국제 수지의 움직임

정책으로 소득 격차를 축소시켰으며 세수 증가분을 감세로 돌림으로써 도시 중간층의 지지를 확보할 수 있었고 또 정치적 통합에도 성공했다.

그러나 당시는 일본 제품의 수출 경쟁력이 아직 충분하지 않았던 상태로 석유와 원자재를 수입에 의존하고 있던 까닭에 경기가 좋아지면 국제 수지라는 벽에 부딪혔다. 그림 6-3에 나타난 것처럼 GDP 성장률이 상승하면 무역 수지의 적자가 확대되었다. 그런 까닭에 경기가 과열되면 정부 및 일본은행은 금융 긴축 정책을 펼 수밖에 없었다. 그렇게 하여 성장률을 일단 떨어뜨렸지만 성장률을 상회하는 높은 설비 투자의 신장이 있었고 춘투에 의한 임금의 하방 경직성 때문에 다시 경기가 상승되는 사이클을 그렸다.

그러나 1960년대 말쯤부터 일본 제품이 국제 경쟁력을 갖추자 국제 수지라는 벽은 점점 허물어졌다. 그렇게 되면서 일본 기업은 전후 팍스 아메리카나에 의존해 시장을 획득했지만 점차 미국의 산업 기반을 위협하는 존재가 되었다. 제2차 세계대전 직후 미국은 석유 자원과 제조업 두 분야에서 압도적인 지위를 가지고 있었으며 패권국으로서 자유 무역의 기치를 걸고 시장을 개방했다. 그러나 제조업에서 일본과 독일의 도전이 시작되고 베트남 전쟁에서 패배하면서 무역 수지는 점차 악화되었다. 그것이 1971년 닉슨 쇼크로 이어지게 된 것이다.

닉슨 쇼크와 석유 쇼크에 의한 변화

닉슨의 신경제 정책은 달러와 금의 태환성을 정지하고 각국의 환율의 절상을 요구하는 것이었다. 그 뒤 스미소니언 합의가 붕괴되면서 선진국들은 변동 환율제로 이행하게 되었다. 두 번의 석유 쇼크와 함께 선진국들은 스태그플레이션에 직면했다. 미국에 의한 일극 지배가 후퇴되는 가운데 G7 체제가 만들어졌고 1970년대 이후 금융 자유화가 진전되었다.

닉슨 쇼크와 함께 찾아온 엔고에 대해 일본은 다나카 가쿠에이田中角榮의 '일본 열도 개조론'에 근거해 전국의 교통망 정비를 비롯한 대규모 공공사업 계획으로 내수를 중심으로 하는 경제로 전환하려고 했다. 그러나 석유 쇼크를 계기로 광란의 인플레이션이 발생했고 거기에 춘투로 임금의 급격한 상승이 일어났다. 엔화가 급등하고 임금이 급상승하면서 국제 경쟁력을 갖추었던 일본 경제

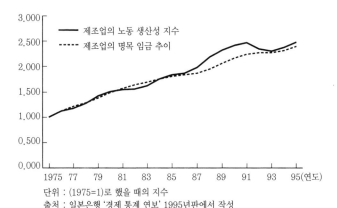

단위 : (1975=1)로 했을 때의 지수
출처 : 일본은행 '경제 통계 연보' 1995년판에서 작성

그림 6-4 제조업의 노동 생산성과 임금 상승률의 움직임

는 다시 제자리걸음을 하게 되었다.

그리하여 1975년 대기업들은 차입금과 고용 등을 긴축하는 '감량 경영'을 시작하는 것과 동시에 임금 상승에 생산성 기준 원리를 도입했다. 명목 임금의 상승률은 제조업의 생산성 신장과 비슷하게 되었다. 그림 6-4에서 알 수 있는 것처럼 급격한 엔고가 있었던 1985년 이후 잠시 동안 명목 임금 상승률은 제조업의 노동성 생산성을 밑돌았지만 그 이외 기간은 임금 상승률과 생산성 상승률은 거의 같은 움직임을 보인다. 이렇게 생산성 향상에 노동자를 협력시킴으로써 수출 경쟁력을 유지하면서 일본 경제는 수출주도형으로 변한 것이다. 1970년대 경기 순환은 수출이 늘어나면 전국의 공장이 잘 돌아갔고 그 경기가 전국으로 파급되었지만 두 번의 석유 쇼크라고 하는 대외적 쇼크에 주춤하는 패턴으로 바뀌었다.

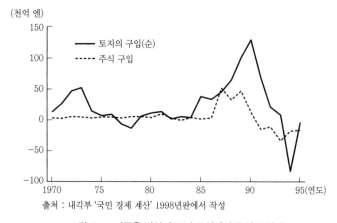

출처 : 내각부 '국민 경제 계산' 1998년판에서 작성

그림 6-5 비금융 법인의 토지 구입액과 주식 구입액

한편 그림 6-5에서 알 수 있는 것처럼 엔고라는 압력 아래 열도 개조 붐에 이어 1973년 제1차 석유 쇼크, 78~79년의 제2차 석유 쇼크, 1985년 엔고 불황 같은 위기가 발생하면 기업은 안전 자산으로서 부동산을 구입했다. 전후 일관해서 토지의 가격이 상승한 사실을 배경으로 '토지 신화'가 만들어졌다. 기업은 차입금으로 토지를 구입한 뒤 이익을 압축하여 법인세를 절약할 수 있었다. 세계 경제가 불안정화되는 가운데 막상 대외 쇼크가 일어나 경영이 적자에 빠지면 토지를 매각해 법인세를 지불하지 않고도 손실을 보충할 수 있었다.

이러한 임금의 생산성 기준 원리는 유동 물가를 안정시키는 한편 기업의 토지 구입으로 부동산의 가격은 지속적으로 상승했다. 이것이 버블 경제의 밑거름이 되었다.

일본은 1985년 프라자 합의로 엔고 불황에 직면하게 되었다. 대기업들은 다시 감량 경영을 시작했고 차입금 변제와 내부유보에 열을 올린 탓에 여유 자금이 발생했다. 외환 거래의 실수요 원칙이 철폐되었고 세계적인 금융 자유화 정책에 따라 해외에서도 자금 조달이 용이하게 되었다. 은행은 대출할 곳을 점차 잃게 되었으며 토지 담보 융자에 빠져들었다. 게다가 정책적 요인이 그런 경향을 가속시켰다. 나카소네中曽根 정권의 규제 완화와 '민활民活 (민간 자본으로 사회 간접 자본을 확충하는 일—역자 주)' 노선, 리조트 법 등이 바로 그것이었다. 1985년 엔고 불황을 회피하기 위한 금융 완화 정책, 그 뒤 미일 구조 협의에 기반한 공공사업 확대라는 대미 공약이 이런 움직임들을 더욱 가속화했다. 일본은 전 세계적으로 가장 먼저 부동산 버블 경제에 돌입한 것이었다.

버블 순환으로

1990년대에 들어서자 미국의 경제는 시장의 신경계라고 할 수 있는 금융과 정보를 중심으로 하는 산업구조로 개편을 시작했다. 변동 환율제와 금융 자유화 아래 금융이 주도하는 '금융 자본주의' 세계가 본격적으로 나타난 것이다.

금융 자본주의는 가장 처리 속도가 빠른 증권화를 보급시켜 전 세계에 자신에게 유리한 규칙을 강제하는 글로벌리즘을 도입했다. 두 번째로 경기 순환을 버블 순환으로 변질시켰다. 주가와 부동산 가격이 경기를 이끌었고 그 가격의 붕괴는 경제를 심각한 불황으로 빠뜨렸다. 세 번째로 금융 자본주의는 기업 그 자체를 매매의 대상으로(상품화) 만들었다. 1990년 말에 도입된 국제 회계 기준은, 그것을 위한 규칙이라는 성격이 강한 것이었다.

글로벌리즘이 석권하면서 전 세계적으로 중기적 주기성은 1980년대 후반은 부동산 버블, 1990년대 말에는 IT 버블(주식 버블), 2000년대 중반에는 주택 버블과 같이 10년마다 버블과 버블의 붕괴가 반복되는 '버블 순환'으로 변질되었다. 버블이 붕괴할 때마다 금융 완화 정책이 동원되어 다음 번 버블을 준비했다. 그렇게 반복된 결과 종래 있었던 매크로 경제를 컨트롤하는 제어계의 기능이 점차 사라졌다. 일본의 주식시장도 이 세계적인 버블 순환에 편입되었다. 주가와 부동산 등의 자산 가격이 경기를 이끌게 된 것이다. 그리고 지방에서는 레이거노믹스(미국 레이건 대통령 당시의 경제 기조-역자 주)에서 비롯된 '신자유주의' 사고방식에 입각하여 노동 시장을 포함한 규제 완화 정책이 이루어졌다. 금융 완화와 '구조 개혁'을 조합하자 자산을 가진 사람은 더욱 풍족해졌고 비정규 고용자들은 점점 더 가난해지는 격차의 확대가 더욱 맹렬하게 진행되었다.

전 세계적으로도 1980년대 후반에는 일본을 비롯해 부동산 버블이 발생했다. 1990년대에 들어가자 헤지펀드 등을 중심으로 투기 자금이 공격을 시작했고 금융 통화 위기가 계속해서 발생하게 되었다. 1992년 유럽 통화 위기, 1994년 멕시코의 데킬라 위기와 아르헨티나의 통화 위기, 1997년 동아시아 경제 위기, 1998년 러시아 디폴트 위기 등을 거친 후 2000년에는 미국에서도 IT 버블이 붕괴되기 시작했다.

소련과 동유럽 사회주의권의 붕괴와 정보 및 금융 산업으로의 시프트로 미국의 패권은 다시 강화된 상태였다. 1990년대 들어 버블 붕괴로 도전자였던 일본이 탈락하는 한편 유럽은 EU를 조직하여 독자적인 경제권을 형성했다. 그런 가운데 금융 자유화를 축으로 하는 글로벌리즘이 전 세계를 석권했다. 대공황 이후 법제화된 금융 시장의 제어계(금리의 상한 규제를 비롯해 산업별 규제 및 레버리지 규제 등)가 제외될 때마다 버블은 악화되었고 그에 대해 패치 워크적인 BIS 규제, 바젤2 등과 같은 대응이 이루어졌다. 한편으로는 양적 금융 완화책이 반복되는 가운데 금융 시장의 볼러틸리티가 한층 높아지며 제5장에서 말했던 '그림자 은행 시스템'처럼 금융 규제를 우회하는 구조와 슈퍼 컴퓨터를 거래소의 호스트 컴퓨터와 연결하여 프로그램으로 거래를 하는 하이 프리퀀시 트레이딩high frequency trading 같은 정보 기술을 응용한 금융 공학이 확대되었다. 그러나 서브프라임 론을 계기로 결국 리먼 쇼크로 세계 규모의 버블 붕괴가 일어났다. 그리고 100년에 한 번 온다는 세계 금융 위기가 일어나자 미국과 유럽 그리고 일본의 중앙은행은 정책 금리를 제로로 함으로써 금리 기능이라고 하는 제어계를 말살하고 말았으며 금융 시장은 마비 상태에 빠져들었다.

3 제어계가 파괴되는 과정

나카소네 정권에서 고이즈미 정권으로

일본 경제의 장기 정체는 계속 이어졌고 그것은 결국 장기 쇠퇴에 이르렀다. 그 과정은 시장 경제의 제어계가 차례대로 파괴되는 과정이기도 했다.

나카소네 정권기의 신자유주의적 '정책'에는 여전히 버블을 일으킬 힘이 남아 있었다. 실제, 버블 경기로 '돈'의 가치로 사회적 구조를 측정하는 '기대'가 탄생하였으며 규제 완화 정책으로 경제의 제어계가 차례차례 파괴되었다. 그러나 버블이 붕괴되자 이번에는 대량의 불량 채권이라는 '암'이 발생하였고 급격한 신용 수축이 진행되면서 정·관·재의 무책임한 체제 덕분에 제어의 구조가 파괴되었다. 이에 대해 정부는 저금리 정책과 재정 정책으로 경기를 자극하려고 했다. 그러나 그것은 은행에 유동성을 공급하여 당장의 사태를 넘긴 것에 불과할 뿐 대출을 못 받게 된 중소기업은 약한 부분부터 괴사가 시작되었다. 여유 자금으로 버블이 반복되는 동안 민간 자금은 오히려 '경계심'을 강화시켰다. 민간 자금은 계속해서 '폭탄 돌리기 게임'이 반복되었던 금융 시장의 볼러틸리티를 강화했을 뿐 실체 경제의 성장에는 도움이 되지 않았던 것이다. 1990년대는 '잃어버린 10년'이 시작되면서 장기 정체를 낳고 말았다.

고미즈미 정권기에는 버블 붕괴의 뒤처리가 지지부진하면서 공공사업은 긴축되었으나 금융 완화를 통해 엔저로 유도하는 정책이 큰 역할을 했다. 또다시 고용과 사회 보장을 파괴하였으며 기업의 노동 코스트의 인하를 이루었다. 전 세계가 주택 버블에 취해 있었던 까닭에 금융 자유화로 외국인 투자가를 모을 수 있었으며 높은 주가와 미니 부동산 버블이 형성되었다. 금융 완화에 의한 엔저와 노동 코스트의 인하 덕분에 수출을 중심으로 대기업은

윤택해졌다. 그 결과 디플레하에서 명목 GDP 성장률이 낮은 데도 불구하고 물가는 떨어졌고 그 때문에 약간이나마 실질 GDP 성장률이 플러스가 되는 '명실 역전' 덕분에 어쨌거나 일본 경제는 버틸 수 있었다. 그러나 대기업의 이익 개선이 우선된 결과 엄청난 격차 사회와 지역 경제의 쇠퇴가 초래되었다. 계속되는 제어계의 해체가 진전되었고 장기 정체가 한층 심각해지면서 사회를 거의 파괴하게끔 되었다. 그리고 무엇보다 고이즈미 정권기에 추구되었던 금융 자유화 정책은 리먼 쇼크라는 결말을 맞이하게 되었으며 원전 르네상스 정책은 후쿠시마 제1원전 사고로 귀결되었다. 그 뒤 전 세계적으로 원전 코스트가 상승하면서 원전은 불량 채권이 되고 말았다(가네코 마사루, 『원자력발전은 화력발전보다 비싸다原発は火力より高い』, 이와나미북렛, 2013년 참조).

기존 정책의 총동원으로

아베 정권이 취한 아베노믹스는 과거 버블을 창출했을 때의 수법 그대로라 그 자체에 신선함은 없다. 이미 버블의 순환은 리먼 쇼크로 귀결되고 더 이상 다음 버블을 만들어낼 힘이 없음에도 불구하고 같은 수법을 동원하고 있는 것이다. 다른 부분은 '세 개의 화살'로 금융 완화, 재정 출동, 규제 완화를 동시에 실행함으로써 각각의 정책을 심화시키고 있다는 점이다. 그러나 앞에서도 이야기했듯 종래형 매크로 정책을 강화하면 할수록 금융 시장은 마비되고 국가에 대한 의존을 높일 뿐이라는 패러독스가 표면화되고 있다. 그리고 그 정책들은 다음에 올 거대한 '파탄'으로 이어질 것이다.

아베 정권 아래에서는 100년에 한 번 오는 세계 금융 위기를 경험한 이상 이미 고이즈미 정권기와 같이 세계적인 버블의 재도래는 불가능하다. 오히려 EU는 디플레 경제에 들어가려 하고 있고 미국의 금융 완화 축소와 함께 신흥국의 경제는 힘을 잃고 있다. 게다가 중국의 버블 붕괴가 천천히 진행되는 중이다.

그런 가운데 아베 정권은 디플레를 탈출하겠다며 사람들의 '기대'를 조작 가능하다는 인플레 타깃론을 채택, 이차원 금융 완화에 나섰다. 그러나 제2장에서 본 것처럼 대기업은 내부유보와 배당만 높일 뿐이고 일본의 고용은 피괴되었으며 노동 방식까지 훼손되었다. 사회 보장 제도의 장래 전망도 불투명해졌고 지역은 저출산 및 고령화로 쇠퇴가 더욱 심해졌다. 그럼에도 불구하고 법인세 감세, 노동자 파견법 '개정', 사회 보장비 삭감에 의한 재정 재건 등 대기업의 수익 증가를 위해서라면 물불을 가리지 않는 정책이 계속되고 있다. 결국 재정 위기가 멈추지 않는 가운데 국내 저축 규모를 넘은 재정 적자가 확대되었고 그것을 파이낸스화하기 위해 다시 한 번 브레이크를 풀고 이차원 금융 완화를 '의도적으로' 행하고 있다. 이미 재정 규율이라는 제어계는 파괴된 것이나 마찬가지로 끝이 없는 늪에 빠져 있는 셈이다.

그뿐만 아니라 일본은행에 의한 ETF 구입 등 연금기금을 투입한 고주가 정책이 실시되고 있는 까닭에 주가에 의한 조정 기능도 잃어버렸다. 제2장에서 말한 것처럼 외국인 투자가의 비율이 상승하고 있는데 이것이 다음 쇼크의 밑거름이 될 것이다. 실제로 대외적인 쇼크가 발생하면 즉시 아베노믹스의 가면은 벗겨질 것이고 경제의 주기적인 시스템이 파괴되면서 지역 경제의 피폐,

격차 사회의 심각화, 국내 시장의 축소, 산업 경쟁력의 저하 등이 단숨에 분출될 것이다.

지금까지 살펴본 바와 같이 중기적인 주기인 한 나라 레벨의 경기 순환은 그저 같은 상태가 되풀이되는 것이 아니라 조금씩 변화를 축적한다. 그것이 보다 긴 주기성을 가진 세계적인 산업 구조의 전환과 맞물려 다시 새로운 중기적 주기성을 가진 순환이 형성되는 것이다. 그러나 버블 붕괴 이후 엄격한 불량 채권 처리가 이루어지지 못하고 계속해서 중기적 경기 순환을 가져오는 정책이 시행되는 동안 제어계의 다발에 의한 피드백 기능을 차츰 잃었으며 산업 구조의 전환이 늦어지면서 장기 정체는 장기 쇠퇴에 이르게 되었다.

원래라면 다음 번에 올 새로운 경기 순환의 형태를 만들 수 있는 산업 정책이 필요하지만 아베노믹스의 성장 전략은 기존 정책의 총동원에 불과하다. 성장 전략도 지금까지 실패한 고이즈미 '구조 개혁'의 재탕에 머무르고 있다. 기존의 중화학 공업을 구제하기 위한 새로운 인프라 수출도 실패하고 있는 것이다. 그런 가운데 아베 증권은 후쿠시마 제1원전 사고에 의한 원전(=불량 채권)의 근본적인 처리를 하지 못하고 전력회사 구제를 위해 불량 채권화한 원전의 재가동에 몰두하고 있다. 이로써 정보 및 통신 기술인 IoT(사물 인터넷-역자 주)에 의한 에너지 전환과 거기에 동반되는 새로운 산업 구조에의 이행은 실현 못 하고 있으며 국제 사회에서 점점 더 뒤처지고 있다.

아베노믹스는 위기가 진행되고 있음에도 낡은 산업의 기득권익에 얽매여 그 이해를 지키기 위해, 한 주기 전에 사용해 효과가 사라진 기존 정책을 대폭 확대하는 방법을 채택하고 있다. 그렇게 한 결과, 한층 더 경제의 제어계를 파괴하고 있는 것이다.

4 주기성에서 처방을 생각하다──암 세포

주기성에 대한 컨트롤이 안정을 낳는다

생물이나 시장 경제 같은 복잡한 시스템에서 가장 신비한 것은 미크로 분자(개인이나 기업)의 랜덤한 움직임이 어떤 식으로 복잡한 생명체나 시장 경제 등의 움직임을 올바르게 조직화하는 것인가, 복잡한 변화에 대처해 순조롭게 성장하는 것인가, 혹은 반대로 정체되는 것인가 그리고 그 분기점은 어디에 있는 것인가 하는 부분이다.

지금까지 해왔던 것처럼 생명과학의 역사도 간단히 돌이켜보자. 17세기 네덜란드의 안토니 레벤후크가 미크로 단위까지 볼 수 있는 현미경을 발명하자 금세 모든 생물은 작은 세포로 성립되어 있다는 사실을 알게 되었다. 동물이든 식물이든 세포가 모여 이루어지며 그때까지 눈에 보이지 않았던 미생물이라는 것은 하나의 세포 그 자체라는 사실이 밝혀졌다.

그리고 생물은 예외 없이 하나의 세포가 주기적으로 두 개의 세포로 분열한다. 주류 경제학에서도 개인의 소비나 노동 같은 미크로 단위의 문제가 한 나라의 시장이나 세계 경제 같은 전체를 구성한다고 생각하며 그에 대한 분석이 경제학의 중심 문제라고 여긴다. 그러나 그러한 생각에는 시간의 개념이 없으며 복수로 존재하는 주기성의 문제가 경시되어 있다.

생물학에서는 세포 분열의 주기성에 대한 컨트롤이 생명의 절묘한 작용에 대한 열쇠임을 금방 알아냈다. 생물이 늘어날 것인가 동수에 멈출 것인가 줄어들 것인가는 세포 분열의 속도로 컨트롤된다.

세포의 분열이 엄격하게 관리되고 있다는 것은 생각지도 않은 실험에서 증명되었다.

고난甲南대학의 교수였던 마스이 요시오增井禎夫는 예일대학에 유학하여 개구리의 난모세포를 이용해 난자의 성숙을 연구하고 있었다. "생물학은 생체의 물리가 아니면 안 된다"라는 신념을 가졌던 마스이 박사는 난자는 프로게스테론이라고 하는 호르몬에 의해 성숙해지므로 난모세포에 프로게스테론을 주입해 성숙해진 세포로부터 성숙을 촉진하는 성분을 분리하려고 했다. 예일대학에서 그에 대한 단편적인 실험 과정을 거친 뒤 1969년 토론토대학으로 옮긴 마스이 박사는 그로부터 5년간 이 성분을 분리하려고 노력했으나 그야말로 고난의 연속이었다.

마스이 박사는 다음과 같이 회고했다.

"토론토대학으로 옮겨 표범개구리를 사용해 시작한 이 작업은 좀처럼 생각대로 진행되지 않았다. 결국 알을 으깨어서는 안 된다고 하는 그야말로 간단한 사실을 알게 되기까지 5년이나 걸렸다. 알을 으깨지 않고 그대로 분리하기 위해서는 어떻게 하면 좋을까? 옛날 하베이가 성게의 성숙란을 원심분리기에 넣어 가벼운 것부터 무거운 순서대로 층을 나눴다는 사실이 떠올랐다. 그 방법을 써보니 가장 윗부분은 지방이었고 그 이후 가용성 부분, 젤, 미트콘드리아, 가장 밑에 무거운 난황이 있었다.

다섯 개 층을 하나하나 체크해보니 다행히 가용성 부분에
MPF(성숙을 촉진하는 성분)의 활성이 있었기에 강한 원심력을 가했더
니 조직이 부서지면서 MPF가 나오는 것을 알았다. 겨우 추출법
을 알게 된 것이 74년. 5년간 갇혀 있던 어두운 터널에서 빠져나
왔던 그때만큼 통쾌했던 적이 없다."

분자가 모여 있는 성분을 갈아 으깨는 일 없이 그대로 부수지
않고 분리하는 것이 열쇠였던 것이다. 마스이 박사가 발견한 세포
내 성분은 그 뒤 효모부터 인간까지 공통적으로 세포의 분열을 진
행시켜주는 신호라는 사실이 밝혀졌다. 이 성분은 세포 안에서의
분열에 관련된 단백질을 일제히 인산화하여 싱크로나이즈(동기화)
함으로써 분열을 시작하게 만든다. 그리고 분열이 끝나면 다른 효
소를 활성화하지만 자신은 활성을 잃어간다.

세포 주기는 인산화 효소가 주기적으로 차례차례 활성화된 뒤
힘을 잃는 것을 통해 사이클을 만든다. 마스이 박사가 분리한 성
분이 세포 분열을 엄격하게 컨트롤한 까닭에 주기성이 안정되었
던 것이다.

마스이 박사는 미국 생물학계에서 가장 권위가 있는 상인 알버
트 라스카 의학연구상을 수상했다.

주기성에 대한 컨트롤이 사라지는 순간

유전자의 질병 중 '암'이 가장 중요하다는 것은 말할 필요도 없
다. 암은 세포의 증식이 멈추지 않는다. 전 세계 학자들이 협력한
결과 이미 2만 건 이상의 환자의 암 DNA 배열을 알아낸 바 있다.

그 일을 통해 예상 밖의 사실을 알 수 있었다. 암에서 영양분이 부족하면 분열을 억제하는 신호를 내보내는 유전자가 가장 자주 파괴되는 것이었다. 세포가 분열하기 위해서는 영양분이 충분해야 한다. 하나의 세포가 두 개가 되는 것이므로 두 개분의 재료가 없으면 분열은 불가능하다. 영양이 충분하지 않으면 세포 분열이 일어나지 않도록 조종하는 신호가 있는 것이다.

세포는 산소나 영양분이 부족하면 사멸된다. 그 두 조건을 지키지 못하면 분열되지 않는 것으로 알고 있었지만 암 세포는 영양분이나 산소가 부족하더라도 느린 속도이기는 하지만 분열되는 것이었다.

DNA를 배로 합성할 수 있을 정도의 영양분이 부족한 상태에서 분열을 시작하면 도중에 재료가 부족해져 유전자 복제에 실수가 증가한다. 그 결과 상당한 수의 암 세포는 죽게 되지만 일부 암 세포는 성질이 바뀐 채 살아남는다.

이렇게 최초의 암 세포는 세포 주기의 체크가 파괴되고 영양분이 부족하더라도 분열하기 때문에 게놈이 불안정해지고 유전자 변형을 일으키기 쉬운 세포가 된다. 변이가 많이 일어나면 암 세포 집단 속에서 '드라이버 변이'라고 불린다. 세포 분열을 빨리 하는 변이가 일어나는 것이다. 이 세포는 증식 속도가 빠르고 암 세포 덩어리를 만들지만 영양분이 부족하면 쉽게 죽는다.

항암제

유방암에 대해 제4장에서 설명한 것처럼 암은 역사적으로 기원 전부터 외과적 절제가 시도되었다. 시간이 지나 19세기 말 뢴트

겐이 X선을 발견하자 다음 해부터 방사선은 유방암 등의 치료에 사용되기 시작하였다. 방사선은 DNA의 집합체인 염색체를 절단한다는 것을 알고 유전자를 파괴할 것이라 생각한 것이다.

그리고 암의 치료에 약으로 사용된 것은 염색체에게 상처를 줄 수 있는 독가스 관련 화합물이었다. 1943년 당시 연합군의 군항으로 사용되던 이탈리아의 바리에 독일군이 폭격을 가했다. 미군의 수송선 '존 E 하베이'가 폭격을 받았고 이페리트라고 불리는 독가스가 대량으로 방출되어, 결국 이 독가스를 마신 미군 병시 617명 중 83명이 사망했다. 혈액 검사를 통해 다수의 피해자의 백혈구가 감소된 사실이 알려지면서 미국 육군의 군의관이 독가스 성분인 나이트로젠 머스타드를 악성 림프종 등에 사용했는데 종양이 축소되었다. 나이트로젠 머스타드가 DNA를 화학적으로 변화시켜 유전자 복제를 멈추게 만든 것이었다.

방사선 치료도 항암제도 염색체 즉 DNA에 상처를 입힘으로써 DNA 복제가 불안정한 암 세포를 죽이는 데 유효한 것이다. 방사선도 항암제도 증식이 왕성한 세포에 효과가 뛰어나다.

예를 들자면 우리 몸에는 머리카락을 자라게 하는 세포라든가 골수의 혈구에 분열되는 세포, 장기의 세포 등 증식이 왕성한 세포일수록 방사선이나 항암제에 약해 부작용이 일어나기 쉽다는 것이다. 그러나 암 세포에 방사선이나 항암제를 사용해도 일시적으로는 사라지는 것처럼 보이지만 좀처럼 완전히 치료가 되지 않고 얼마 뒤에 재발하는 경우가 많다.

드라이버 변이와 패신저 변이—분자 표적약의 탄생

영양분이 없게 되면 암 세포는 증식을 할 수 없다. 조용히 분열하는 수밖에 없는 것이다. 그러나 영양이 부족한 상태에서의 세포 분열은 재료 부족으로 게놈의 복제에 문제가 발생한다. 그리고 게놈이 불안정해지면 변이의 수가 늘어난다.

실제로 암 세포의 게놈 해독이 이루어지면서 암의 진전에 따라 수백에서 수천 개까지 막대한 유전자 변이를 가진 암 세포가 늘어난다는 사실을 알게 되었다.

만성 골수성 백혈병 중에 필라델피아 염색체라고 하는 염색체 중 9번과 22번이 융합되는 이상을 일으킨 염색체가 있다. 이 융합으로 백혈구를 증식시키는 신호를 방출하는 인산화 효소가 새로 만들어졌다. 이 효소를 정밀하게 공격하는 글리벡이라는 약물을 사용한 임상시험의 결과가 2001년 발표되었다. 9할의 환자에게 효과가 있었으며 그 효과가 많은 환자에게 지속된다는 것을 알게 되었다. 이리하여 정밀하게 핀 포인트로 유전자 변이를 타깃으로 하는 분자 표적약이라는 개념이 생겨나게 되었다.

그러나 암의 게놈을 분석하여 활성화되어 있는 많은 유전자를 표적으로 약을 개발해도 좀처럼 좋은 효과는 얻을 수 없었다. 많은 유전자의 활성화는 암의 원인이라고 하기보다 암의 결과라고 할 수 있기 때문이다. 그리하여 암 세포의 증식을 촉진하는 드라이버 변이와 증식과는 관계없이 게놈의 불안정성 때문에 발생하는 패신저 변이로 구분하게 되었고 드라이버 변이를 찾아낸 뒤 그것을 치료하는 방법이 제창되었다.

이 방법을 성공시킨 사람이 지치自治의과대학의 마노 히로유키間野博行 박사이다. 마노 박사는 폐암 환자 다수의 게놈을 분석하여

ALK라고 하는 효소가 변이되어 활성화되면 폐암의 드라이버 변이가 발생하는 것을 발견했다. ALK를 저해하는 약은 이 변이를 지닌 폐암 환자에게 극적인 효과를 나타내었다.

마찬가지로 피부암이나 갑상선암은 BRAF라고 하는 유전자 활성화가 6할 이상의 환자에게서 관찰되었고 이 활성화 BRAF를 저해하는 약이 효과를 가지고 있다는 사실을 알게 되었다.

두더지 잡기—교대되는 드라이버

그러나 분자 표적약에도 한계는 있다. 주기성에 대한 컨트롤이 망가진 암 세포에게는 게놈의 불안정성이 높아 드라이버 변이를 상대로 분자 표적약을 사용해도 다른 드라이버 변이가 일어나 치료 저항성을 가지게 되면 더욱 악성화되어 전이되는 암 세포가 출현한다.

예를 들어 조금 전 마노 박사가 발견한 ALK 변이는 암 환자 중 5%의 환자에게서 볼 수 있는데 이 변이를 가진 환자에게는 최초의 ALK 저해제가 잘 듣는다. 그러나 ALK 유전자에 다시 변이가 발생하거나 다른 증식 유전자에 변이가 생기게 되면 처음 사용한 분자 표적약에 내성을 가진 암 세포가 나타나고 그 세포에는 효과가 없는 사례가 늘고 있다.

만약 패신저라고 추측되는 유전자 변이를 가진 세포에 분자 표적약을 사용하여 처음의 드라이버 변이가 억제되면 다음 드라이버가 역할을 하게 된다.

그리고 곤란한 사실은 이런 증식과 치료에 의한 세포 장해와 새로운 드라이버를 가진 암 세포가 증가하는 사이클 속에서 게놈의 불안정성이 엄청나게 증가하면 암 세포의 악성화가 더욱 높아진다.

전립선 세포는 남성 호르몬의 자극으로 증식한다. 전립선암에 걸려도 처음에는 남성 호르몬이 필요하므로 전립선 안쪽에 머무른다. 그때 남성 호르몬의 증식 신호를 억제하는 약이 투여되면 작아진다. 그러나 죽은 것은 결코 아니다. 전립선 안에서 소리를 죽인 채 살아 있으며 점점 남성 호르몬의 신호를 남성 호르몬이 없어도 전할 수 있는 세포가 생겨난다. 남성 호르몬이 없더라도 생존할 수 있는 암 세포는 골수에도 생존할 수 있으며 통증이나 골절을 일으켜 전신 상태를 악화시키므로 치명적이 되기 쉽다.

그러므로 가장 먼저 세포 주기에 필요한 영양분이 있는지 없는지 확인하는 유전자가 변이된다. 그 다음으로는 남성 호르몬의 신호를 하는 변이가 일어나게 되고 그러고 나서 골수에 전이를 재촉하는 전이와 가끔씩 암 세포를 유지하려는 변이가 일어나는 것이다.

암 치료의 역사적 전환──세 종류의 치료약

앞에서 살핀 바와 같이 암이라고 하는 질병 역시 치료와 함께 변화한다는 사실을 알 수 있다. 기원전부터 암 치료에는 외과 수술로 절제하는 방법이 사용되었다. 에도 시대 하나오카 세슈華岡青洲라는 의사의 수술로 처음으로 전신 마취가 이루어졌다. 그리고 19세기 미국에서 림프절과 주변의 근육도 함께 절제하는 시술이 할스테드 수술로 완성되었다.

그러나 수술을 해도 남은 암에게 19세기 말 X선의 발견과 함께 등장한 방사선 치료법과 1946년 항암제가 시험되었다. 이 방사선 이나 세포 독약이라고 불리는 초기 항암제는 분열이 **빠른** 세포를 상대로 DNA 복제를 억제하는 약이었다.

초기 치료약인 세포 독약은 그 이름대로 정상적인 세포라도 분열이 **빠른** 세포를 죽이는 부작용이 있었다.

제2세대 암 치료약은 암 세포의 게놈이 해독되면서 만들어진 것으로 드라이버 변이라 불리는 증식을 촉진하는 분자를 타깃으로 정밀한 치료를 하게 되므로 분자 표적약이라고 불린다.

한편 암 세포의 두목이라고 할 수 있는 주기성이 망가진 세포는 반드시 빨리 증식하는 것은 아니다. 정상적인 세포는 증식하는 장소가 정해져 있고 특정 범위를 넘어서는 증식할 수 없게 되어 있다. 이런 규제를 벗어나 증식하는 것이 바로 암이다. 증식이 천천히 이루어진다고 해도 다른 장기에 전이되거나 침윤하는 세포가 암 세포이다. 현재는 세포 주기를 컨트롤하는 등 제어계의 제어가 불가능한 채 숨어 있는 (암 세포의 두목이라고 할 수 있는) 세포를 치료하는 제3세대 치료약이 연구 중에 있다.

암이라고 하는 질병은 우리가 상대해야 하는 대상이 역사적으로 변해왔다는 사실을 알 수 있다. 처음에는 외과 수술로 제거할 수 있는 암 세포를 떼어냈고 다음으로는 약으로 증식이 **빠른** 암세포를 제거했다. 그리고 드라이버 변이를 타깃으로 한 분자 표적약으로 많은 암세포를 제거하고 있다. 그러나 마지막으로 남는 것은 제어계를 제어하는 구조가 망가진 원시적인 암 세포의 두목으로 영양분을 탐지해 증식을 판단하는 구조를 재구축하는 일이 열쇠가 된다. 그러지 않으면 다시 재발할 것이기 때문이다.

5 금융의 제어와 그것을 빠져나가는 괴물들

금융 세계에서 일어나는 일을 보아도 같은 문제가 일어나고 있음을 알 수 있다.

버블과 쇼크를 주기적으로 되풀이하는 버블 순환이 중기적인 파도를 일으키면서 일본은 경영 책임에 대한 문책과 불량 채권(=암)에 대한 처리가 제대로 이루어지지 않은 상태로 글로벌한 초저금리 정책 시대를 맞이하게 되었다. 결국 불량 채권을 처리하기 위해 초저금리 정책과 양적 금융 완화가 반복되었고 이를 통해 이익을 올리려고 금융 자유화를 기반으로 계속 새로운 금융 상품이 만들어졌지만 그런 금융 상품은 다음 번 버블을 낳았다. 게다가 초저금리 정책과 양적 금융 완화가 강제되면서 다시 새로운 상품이 탄생되었지만 이들 상품은 결국 리먼 쇼크로 귀착되었다.

금리 기능이 마비된 가운데 장단기 금리 차이를 이용한 금융 비즈니스가 발달되었다. 아비트리지 거래라고 하는 것이 있다. 이는 국채와 민간의 채권 사이에 있는 금리 차이를 활용해서 매입(롱)과 매도(숏)을 조합해 수익을 얻는 것이다. 1991년 미국의 솔로몬브러더스에서는 국채 입찰과 관련해 부정을 저지른 사람들이 퇴직하는 일이 있었다. 거기에서 핵심 역할을 했던 존 메리웨더는 LTCM(롱텀캐피털매니지먼트)라는 회사를 세우면서 노벨 경제학상 수상자인 로버트 머튼과 마이런 숄즈를 파트너로서 영입했다. '리스크도 엄격하게 컨트롤할 수 있다'는 선전 문구로 투자 자본은 1,000억 엔에서 9,100억 엔으로 급성장하여 로켓 헤지펀드라고도 불리었다.

그러나 1997년부터 말레이시아, 한국 등에 아시아 금융 위기가 일어나자 이익률이 줄기 시작했고 LTCM은 레버리지를 늘리는 작전으로 나왔다. 그러나 1998년 러시아의 디폴트 위기가 일어나자 러시아는 모라토리엄moratorium(지불 유예)을 선언했고 LTCM의 예측이 이중으로 빗나가자 결국 금융기관단으로부터의 출자와 포지션의 변경이 이루어졌다.

1998년 LTCM의 밸런스시트(대차대조표)상 총 자산은 17조 엔이었지만 투자 자본은 5,600억 엔이었으므로 29배의 레버리지가 되어 있었다. 딜리버티브 포지션은 170조 엔, 스와프가 95조 엔, 선물이 64조 엔이라고 하는 거액이었다. 헤지펀드가 '그림자 은행 시스템'으로 100조 엔 이상의 결제를 하는 등 글로벌한 금융이 시스테믹 리스크systemic risk 시대에 들어간 것이 드러났다. 그러나 그 '암'을 표적으로 한 제대로 된 처리는 이루어지지 않았다. 그 뒤 FOMC(연방공개시장위원회)는 금융 완화를 진행하고 적자 구조를 해소하는 것과 함께 영국의 파운드 스와프 거래를 각 은행에 흡수시켰다.

FRB(미연방준비제도이사회)의 앨런 그린스펀 의장(당시)이 행한 이 처리 방식이 그 후 리먼 쇼크를 초래한 면도 있다. 동시에 계속 금융 자유화가 추진되었다. 1930년대 대공황의 교훈을 통해 미국에서는 금융과 증권을 나눠서 통제하는 글라스 스티걸 법이 제정되었다. 암 세포가 다른 부위에 전이되는 것을 막기 위한 조치와 비슷한 것이다. 그러나 클린턴 정권기부터 그 구분은 점차 희미해졌다.

게다가 부시 정권이 되면서 2001년 동시 다발 테러로 인해 중동에 대한 군사적 개입이 강화되었다. 2001년부터 2002년까지 IT 버블의 붕괴에도 불구하고 금융업은 금융 딜리버티브 상품의 판매가 높아졌다. 제1장에서 이야기한 것처럼 금융 공학을 구사해 서브프라임 론을 포함한 CDO가 만들어졌고 그것이 100년에 한 번 찾아오는 세계 경제 위기를 초래하게 된 것이다.

금융의 변동에 대비한다거나 리스크에 대비한다는 명목하에 헤지펀드가 다음 번 쇼크의 기반을 쌓은 것이다. 무엇보다 감독기관(증권거래위원회, 연방준비제도이사회 등)의 관리를 받지 않는 헤지펀드나 SIV(구조화 투자회사) 등을 '그림자 은행 시스템'으로 사용하면서 금융 딜리버티브 상품의 거래가 확대되었다. 그 상품들은 '예측'을 조작하기 위해 정보에 필터를 씌운 채 제공되어 정확한 정체를 알기 어려웠고 또 집행 속도는 컴퓨터 처리에 의해 과거 경험한 적이 없을 만큼 빨랐다. 서로 링크를 걸어 거기에서 레버리지가 걸린 것이다. 그 결과 종래 통계학의 '예측'으로는 거의 일어날 수 없는 쇼크가 일어날 법해서 일어나는 '평범한 사고'로 변하는 것이다.

2007년에 미국은 다시 한 번 서브프라임론을 포함한 금융 상품화 문제로 인한 금융 불안을 맞게 되는데 2008년에는 사태가 더욱 악화되면서 리먼 브라더스는 파산했고 세계적인 금융 위기로 치달았다.

바로 그 리먼 쇼크에 대처하면서 미국과 유럽의 중앙은행은 사실상 제로 금리 정책을 취하게 되었고 양적 금융 완화를 통한 쇼크 구제를 꾀했다. 그러나 일본은행은 51조 엔의 금융 완화책을 썼지만 그때까지의 금융 완화로 내성이 생긴 일본 경제에는 거의 효과가 없었다. 아니 효과가 없었다기보다 오히려 버블 처리로 인한 '잃어버린 20년'과 규제 완화라는 명목으로 제어 구조를 스스로 파괴해버린 일본 경제는 사실 리먼 쇼크의 타격을 가장 심하게 받게 되었다. 그리고 리먼 쇼크 뒤 중국 정부는 4조 위안의 경기 대책을 내놓으면서 새로운 버블 시장을 형성했다. 이런 흐름에 편승하는 형태로 아베노믹스는 이차원적 금융 완화를 부르짖었다.

그러나 제3장에서 설명한 것처럼 재정 적자가 확대된 일본에서, 금리의 상승은 파국을 부를지도 모르는 위험성을 내포하고 있다. 이차원 금융 완화는 2년 동안 2%의 인플레율을 달성하겠다는 단기적인 정책 목표를 내걸었지만 2년 반 뒤인 2015년 가을에 와서도 정책 목표와는 멀기만 했다. 조금씩 중국 버블 붕괴 기미가 강해지는 가운데 일본은행은 다시 80조 엔의 추가 금융 완화책을 내놓았고 12월 10일 일본은행의 국채 보유는 326조 엔을 넘었다. 영원히 목표에 도달하지 못할 것이기에 성립될 수 있었던 인플레 타깃론은 계속 리스크를 높이고만 있다. 그리고 이런 출구가 없는 상황에서 세계적인 금융 완화 바람을 타고 투자처를 찾는 자금이 세계를 표류하고 있고 볼러틸리티가 높아지는 가운데 금융 자본의 괴물들은 다음으로 돈을 벌 곳을 찾고 있다.

금융 완화라고 하는 제어계가 파괴되었다고 바로 눈에 보이는 위해가 일어나는 것은 아니다. 그러나 외부 환경의 변화에 대응하는 수단을 상실한 시스템은 다양한 쇼크에 영향을 받을 수밖에 없으며 정체에서 쇠퇴로 진행되기도 쉽다.

이차원적 금융 완화의 폐해는 중국 버블의 붕괴와 같은 세계 경제의 쇼크가 가지고 올 위해의 진폭을 더욱 크게 만들 것이라는 사실은 분명하다. 그러나 그에 못지않게 심각한 것은 국내의 '격차' 확대와 고정화다. 이차원적 금융 완화는 '엔'의 실질 가치를 떨어뜨렸다. 그 결과 국민의 자산 및 자금이 감소되었다. 인플레 타깃론이라고 떠들지만 실제적인 성장이 없는 금융 완화는 많은 국민과 많은 지역의 자산과 수입을 감소시키고 빈곤으로 내몰고 있다. 그런 가운데 대기업만이 강해져서 생존을 꾀하고 있다. 그러나 그들 대기업도 국내 경제의 기반이 무너진 이상 과거 세계에 자랑하던 과학 기술이나 인적 자질도 저하될 것이고 글로벌화에 따라 특징을 잃을 것이다. '글로벌 기업'이라는 이름의 뿌리 없는 잡초가 되어 계속 성장하는 신흥국과의 경쟁에 내몰리고 돈벌이를 찾아 방황하게 될 것이다. '일본 쇠퇴'가 가지고 올 피할 수 없는 길이라 할 수 있다.

'일본병'에 직면하게 된 우리에게는 경제에 작용하는 개별적 제어 메커니즘을 고치며 새로운 산업과 고용을 창출해야 한다. 경제의 제어계를 제어하는 메커니즘이었던 재정 및 금융 정책을 재건하는 일이 시급한 과제가 되었다.

그것은 영양과 증식이 밀접한 관계를 가지는 에피게놈처럼 격차와 빈곤의 극복을 통해 국민의 생활과 건강을 지킬 수 있는 사회 보장, 복지, 연금 고용 제도와 통합적으로 설계되지 않으면 원활하게 이루어지기 힘들 것이다.

제7장
'일본병'의 출구는
어디에 있는 것인가?

1 일본병의 궤적을 예측하다

점이 아닌 궤적으로 보라

원활하게 이루어지지 않는 일에는 이유가 있다. 내부가 복잡한 시스템은 밖에서 보아도 잘 알 수 없다. 표면상으로 잘 알 수는 없지만 어딘가 이상한 일본 사회는 심각한 병에 걸린 상태다.

이 책은 지금까지 버블과 그 붕괴, 고이즈미 '구조 개혁'과 리먼 쇼크, 그리고 아베노믹스의 이차원 금융 완화, 버블과 그 붕괴의 쇼크가 되풀이되는 가운데 일본병이 발생하게 된 과정을 돌아보았다.

항생물질에 내성을 가지게 된 내성균이며 항암제 치료에도 살아남아 악성화하는 암 세포는 어떤 약으로 치료했는가에 따라 다른 성질을 나타낸다. 지금의 일본병이 얼마나 심각한지 이해하기 위해서는 어떻게 치료를 해왔는지 어떤 성질을 가지고 있는지에 대한 과정을 살피는 것이 중요하다.

시장이나 생명에 존재하는 피드백은 주기성을 낳는다. 피드백이 다중적으로 겹치면 주기성의 파도가 겹쳐지게 되고 무척이나 복잡한 패턴을 나타낸다.

지금까지의 과정이나 걸어온 길이 반복을 거듭하면서도 달라진 경우는, 그 심각한 실태를 이해하기 위해 귀찮더라도 우선 원래 상태에 대해 경험적인 데이터로부터 모델을 만들어야 한다. 그리고 무슨 일이 일어났는가 하는 데이터를 더하고 하나하나 과정을 재현하며 모델을 개량해야만 앞으로 걸어가야 할 길에 대한 예측을 할 수 있게 된다.

이렇게 복잡한 시스템의 예측은 지금까지 해온 것처럼 피셔의 통계학 같은 종래의 리스크 이론에 속아서는 안 된다. 몬티 홀 문제의 예측에서 이야기한 것처럼 변동하는 수치의 궤적으로 나타난다. 25페이지 그림처럼 난수표를 사용하여 랜덤한 반복을 통해 예상하는 경우에도 궤적이 특정한 점에 집속되면 정도精度가 높은 예측이 가능해진다.

그렇다면 앞으로 일본병이 어떤 궤적을 그릴지 예측해보겠다.

격차의 고정화

이차원 금융 완화가 초래한 것은 무엇일까? 바로 젊은 세대를 압살하는 사회 그 자체다. 먼저 일본 국내의 경기 순환이 어떤 귀결을 맞이할 것인가부터 추측해보겠다. 지금의 아베노믹스에서 이차원 금융 완화는 고용 제도의 규제 등을 해체하며 진행되고 있다. 소비세 증세와 법인세 감세가 하나의 세트로 묶여 이루어졌다.

기업은 사상 유래가 없을 만큼 실적을 올리고 있으며 주가는 상승 중이다. 그러나 실질 임금은 올라가지 않았고 가계 소비 역시 증가하지 않았다. 엔저로 수출 기업의 업적은 올랐지만 무역 적자는 그대로이며 제조업의 노동 인구는 늘지 않고 기업 내부유보는 쌓이고만 있다. 대기업과 자산을 보유한 투자가는 점점 더 부유해지고 있지만 중소기업과 증가하는 비정규 고용자, 저소득 고령자 등은 점점 더 가난해지고 있다. 격차가 확대된 결과 일반 국민도 미래에 대한 불안에 소비를 줄이고 있다. 연 80조 엔의 일본은행에 의한 추가 금융 완화가 이루어지고 있지만 그것은 일본은행의 당좌예금에 쌓여 있을 뿐 신용창조에는 이어지지 않고 있다.

그러나 연금기금, 은행 등의 국채는 일본은행에서 사주고 있으며 이들 기관의 주식 투자가 증가하면서 관제 시세가 형성되었다. 계속해서 돈이 투입되는 주식 시장의 기능은 점점 더 마비되고 있고 관리 기능은 더욱더 역할을 하지 못하고 있다. 일본은행의 사채 구입에 따라 사채 시장 역시 마찬가지 상황이다.

계속해서 제어 기능이 해체되고 마비되는 가운데 금융 완화가 반복되어도 물가는 상승하지 않고 있고 실질 임금도 가계 소비도 늘어나지 않고 있다. 엔저가 진행되어도 국내 시장이 확대되지 않고 있으며 제조업에 대한 투자 및 국내 회귀도 이루어지지 않고 있다. 그 결과 지역 경제의 쇠퇴 역시 급속도로 진행되었다. 이대로라면 지방은행이나 신용금고뿐 아니라 지방자치체도 다시 통폐합될지 모른다.

GDP는 600조 엔으로 증가하기는커녕 실질적으로는 떨어졌으며 금융 완화의 진행과 함께 시장 기능은 점점 마비되고 격차가 확대, 고정화되고 있다. 대부분의 국민들은 궁지로 몰리고 있고 사회는 파멸되는 중이다.

'구조 개혁' 노선 때문에 반도체, 정보 통신 산업 등 첨단 산업에서 뒤처지면서 종래형 산업을 중심으로 삼고 있는 일본 경제계는 원전 등의 인프라 수출을 성장 전략으로 삼았지만 실패만을 되풀이하고 있다. 지방에서 전력=기득권익이라는 공식을 지키기 위해 원전 재가동을 우선시했으며 발전 및 송전의 분리 개혁도 법적 분리에 그치고 있다. 지주회사 방식으로 사실상 지역을 독점하고 있는 까닭에 에너지 전환을 돌파구로 하는 IoT, ICT 등의 정보 통신 기술에 기반한 분산 네트워크형 산업 구조로의 전환은 더욱더 어려울 것이다. 앞으로도 종래 산업의 국제 경쟁력은 올라가지 않을 것이며 장기 쇠퇴가 진행될 것이다.

이런 가운데 가장 피해를 입는 사람은 젊은이들이다. 이미 총고용 중 4할이 비정규직이며 앞으로 경제가 감속하게 되면 가장 먼저 젊은이들이 일자리를 잃을 것이다. 지방에는 일이 없지만 도쿄로 온다고 해도 혹사당할 뿐이다. 대학에서도 기업에서도 오랜 시간이 걸리는 중요한 업무는 줄어들고 있으며 당장 급한 불만 끄는 업무만 남아 가혹한 노동을 과도하게 부여받는다. 소모되고 아무리 힘이 들어도 어디에도 출구는 없다. 결혼도 하지 못하고 아이도 낳을 수 없다. 여성은 아이가 생기면 일자리를 잃는다. 이혼이 늘어나면서 모자 가정도 증가하고 있다. 한편 회사의 수명이 줄어드는 가운데 대기업의 사내유보만이 늘고 있다. 소비세가 아무리 오르더라도 법인세 감세만 있을 뿐 젊은 세대를 위한 대책은 없다. 청년 인구가 줄어들며 개호도 젊은 세대에게 무거운 부담이 된다. 연장자들은 소홀히 다뤄진다. 적은 재원을 둘러싸고 젊은이와 늙은이가 으르렁거리는 출구가 없는 사회가 계속 이어진다. 외국의 펀드와 여행객들은 잘난 척을 할 것이고 '환대'라는 구호 속에 '머슴'처럼 일하는 젊은 일본인에게 배외주의 바람이 분다. 마치 영양분이 부족해 천천히 움직이는 암 세포처럼 말이다.

쇼크가 기다리고 있다

다음으로는 외국의 경제 정세에 변동이 발생했을 경우의 궤적을 예측해보자. 고이즈미 '구조 개혁' 후에 있었던 리먼 쇼크 당시 일본의 금융기관은 미국을 중심으로 하는 서브프라임 론 관련 금융 상품에 대한 투자가 적었음에도 불구하고 쇼크가 실체 경제에 끼친 영향이 미국보다도 훨씬 컸다. 버블의 경험이 있었음에도 그렇게 된 이유는 젊은이들에 대한 고용을 없애고 '잃어버린 세대'를 만듦으로써 국내 시장을 먹어치워 왔기 때문이다.

지금 아베노믹스가 진행되는 상태에서 중국의 버블이 붕괴될 때 받을 쇼크를 예측해보면 일단 금융 완화는 이미 한계에 달한 싱황이므로 더 이상 일본은행이 새로운 금융 완화책을 내놓는다고 해도 효과는 기대할 수 없을 것이다.

연금기금은 이미 원금을 훼손하지 않으면 안 될 위험 수준까지 관제 주식 시세에 사용되고 있으므로 신규 투자를 행할 여력은 없다. 실질 임금이 오르지 않은 까닭에 국내 소비를 활성화시킬 가능성 역시 무척이나 적다. 모든 정책을 인플레 타깃론에 따라 물가 상승을 위해 동원하는 가운데 유일하게 높은 주가가 붕괴되면 리먼 쇼크 때와 마찬가지로 일본 경제는 다시 크게 움츠러들 것이다. 미래에 일어날지 모르는 전쟁이나 하이퍼 인플레만이 리스크가 아닌 것이다.

원래는 젊은이들을 고양해 활약할 찬스를 부여하고 고령자가 안전하고 안심할 수 있는 복지 제도를 정비해야 하며 지방 경제의 활성화 등이 이루어져야 하지만 그런 정책을 실현할 재정 기반이 없다. 손 쓸 방도가 없는 가운데 일본은행은 재정 파이낸스에 의해 국채를 계속 사고 있지만 이대로 계속 재정 적자를 확대시키면 지금까지 예상하지 않았던 국가 파산이라는 리스크가 언젠가 일어날지 모른다.

이런 우려가 한번 일어나면 1,000조 엔이 넘는 국채 가격은 하락하기 시작할 것이고 장기 금리는 상승할 것이다. 그렇게 되면 빈약한 재정이 파탄될지도 모른다. 복지, 공적 의료가 유지될 수 없을 것이며 국민의 부담이 증가하고 계속 투자가 감소한다. 민생을 위한 첨단 기술에 대한 투자도 수축될 것이다. 무분별한 공공 투자에 의지할 수밖에 없겠지만 재정 사정이 악화되면 그 역시 지속되지 않을 것이다. 외국의 사회 자본 투자에 의존하는 수출 정책이 중시되는 탓에 외국에서 발생되는 쇼크 역시 사태를 더욱 악화시킬 것이며 장기 쇠퇴는 더욱 심각해질 것이다.

이런 상황 아래에서 두 개의 알력이 시작되고 있다. 먼저 제도와 법규를 둘러싼 경쟁이다. 금융과 정보 관리 방법에 있어서의 경쟁이 격화되면서 자국에 유리한 규정을 상대국에 강제하는 수밖에 없다. 그러나 이미 TPP에서 미국에 양보하고 있는 일본은 선택지가 무척이나 제한된 상태다.

그런 까닭에 미국의 전쟁 하수인이 되어 무기 수출을 하는 수밖에 없다. 군수 기술에 있어서도 예산에 있어서도 미국이나 중국에 미치지 못하는 일본이 이길 수 있는 전쟁은 없기 때문이다. 결국 미국을 맹주로 하는 집단적 안전보장에 의지하는 수밖에 없다. 중국과의 관계는 계속 껄끄러운 상태를 유지한 채 중동이나 다른 지역에서 미국을 지원하는 군사 활동을 행하게 될 가능성이 높다. 그렇게 되면 중동에서의 국경 없는 전쟁에 일본이 참가한다는 메시지가 될 것이므로 일본 내에서 국제적 테러가 일어날 위험성이 높아진다.

결국 매스컴의 지배를 통한 반테러 캠페인을 통해 국민을 기만

하고 국내의 정치적 반대 세력을 반일 혹은 테러 집단으로 공격할 수밖에 없는 불안정한 독재 정권이 될 수도 있다.

대외 쇼크 등을 계기로 금융 수축이 일어나면 젊은이들의 실업률은 급증할 것이고 재정 삭감으로 복지가 버림받을 것이다. 그런 쇼크가 일어나지 않는다고 해도 계속적인 장기 쇠퇴가 이어질 뿐이다.

역사적 전환기와 규칙의 재설정

이런 비극적인 궤적만이 보이는 것은 어떤 이유 때문일까?

전작 『역시스템학』에서는 피드백이 다중적이라는 사실을 통해 얼핏 유효하게 보이는 '성과주의'와 규제 완화 일변도의 정책을 사용해도 생각지 않게 발생하는 부작용 등을 예로 들며 현장을 중심으로 한 제어계의 꼼꼼한 재검토를 주장했다. 이번에는 한 걸음 더 나아가 피드백이 만들어지는 주기성에 주목, 다중적인 제어계가 존재하는 사실로부터 다양한 주기성의 물결이 겹쳐지면 어떻게 커다란 변동의 파도가 일어나는지를 예견했다.

지금은 1870년대 후반부터 제1차 세계대전이나 1929년 시작된 대공황부터 제2차 세대대전, 1970년대의 닉슨 쇼크에서 석유 쇼크 사이의 기간과 마찬가지로 역사적 대전환기에 해당한다. 정보화와 금융 자유화에 의한 글로벌리제이션은 금융자본주의를 낳았고 중기적 경기 순환을 버블 순환으로 변질시켰으며 리먼 쇼크를 초래했다. 일본은 전 세계적으로 보아도 가장 빠른 1990년대 초반 급격한 신용 수축으로 장기 정체에 빠졌지만 미국, 일본, 유럽의 중앙은행 전부가 정책금리를 거의 제로로 하고 소규모 금융 완화책을 계속 실시하는 이상한 상태에 빠져 있다.

100년에 한 번씩 찾아온다는 세계 금융 위기는 아직 끝난 것이 아니다. 그리스나 우크라이나처럼 경제력이 약한 나라에서는 위기가 이어지고 있다. EU 역시 디플레에 들어가려는 중이고 중국도 버블이 꺼지고 있다. 이미 세계 경제를 이끌고 나갈 엔진이 될만한 국가는 없다.

이러는 사이에 미국은 금융 자유화와 글로벌리즘을 타국에 강요하며 산업 구조를 정보 산업과 금융 산업을 중심으로 전환하고 있다. 신자유주의가 석권하면서 사회 기반의 해체가 진행되었고 결국 '글로벌화'라는 이름으로 관세, 회계 기준, 지적소유권 등 미국의 정보 산업과 금융 산업에 유리한 분야를 모두 독점하거나 선점을 노리며 규칙을 바꾸려고 하고 있다. 이러한 미국을 따르는 것이 바로 고이즈미 내각의 '구조 개혁'과 아베노믹스다. 그리고 구조 개혁과 아베노믹스는 일본병을 더욱 심각하게 만들었고 '잃어버린 20년'을 '잃어버린 30년'으로 만들고 있다. 마치 항생제의 오용이 내성균을 증식시키고 암 치료가 저항성을 가진 악성 암을 초래하는 것과 같다.

과거 역사를 돌이켜보면 이런 위기에서 탈출하기 위해서는 인프라, 건물, 교통 및 운반 수단, 내구 소비재를 일변시킬 수 있는 '산업혁명'에 필적하는 산업 구조의 전환이 필요하다. 동시에 영양분이 부족한 가운데 증식을 계속하는 암 세포처럼 격차를 극복하고 성장하지 않으면 안 된다. 그 때문에 규칙을 쥔 자는 세계를 제패한다. 그러나 신구 산업이 서로 부딪히는 움직임은 복잡하다. 미국에서도 자국이 주도하는 거대한 규칙을 바꿔가는 가운데 군사적으로도 중동 지역 국가의 액상화液狀化를 초래했으며 경제에서는 전 세계를 이해할 수 없는 금융 완화로 마쳐시켜 거기에서 탈출할 수 없게 만들었다.

이런 '상황'에서 '일본병'을 탈출하기 위한 방법과 21세기 세계의 과제에 대해 대답해보겠다. 보다 심층적인 규칙의 리셋에 담겨 있는 의미는 무엇일까? 우리는 진지하게 물어야 하는 시점에 서 있다.

2 공유라고 하는 전략

사회 기반의 붕괴를 예방

버블 붕괴 뒤 일본 사회는 젊은이들의 고용 유동화 때문에 '잃어버린 세대'가 태어났고 그 이후 가족도 고용도 크게 파괴되었다. 이해할 수 없는 금융 완화책과 경직화되는 재정 적자 가운데 격차가 확대 및 고정되고 있으며, 사회 기반의 해체가 빠르게 진행 중이다. 젊은 세대를 중심으로 하는 고용의 유동화, 고령자의 격차 확대, 독거 노인 및 인지증 환자의 증가, 모자 가정의 증가와 어린이 빈곤의 확대, 지역 경제의 황폐화, 특히 농촌의 붕괴가 이대로 진행된다면 사회는 심각한 균열과 불안정을 초래할 것이다.

'공유'를 기초로 하는 새로운 규칙이 유일한 해결책

업종이나 고용 형태와는 관계 없이 연금과 건강 보험 제도를 일원화하는 일이나 최저 임금을 올리는 일이 불가결하다. 저출산 문제를 해결하기 위해서는 어린이 수당처럼 부모의 소득이 아닌, 모든 어린이에게 자라날 권리를 보장하는 보편적 급부로 전환함으로써 여성이 아이를 낳는 리스크를 철저하게 경감할 수 있다는 젠더적 시점이 꼭 필요하다. 자민당의 헌법 개정안처럼 예전과 같이 애국심이나 가족주의를 강조하는 것은 이미 시대에 뒤떨어진 짓이다.

가족과 고용이 해체되면 사회적으로 배제됨에 따라 발생될 빈곤도 다양해질 것이다. 독거 노인, 인지증 환자, 모자 가정, 정신적인 장애, 비정규 고용 등 다양한 생활 곤궁자에 대해 그저 소득 수준만을 기준으로 여러 가지 급부를 뿌린다 해도 문제는 해결되지 않는다. 위에서 내려오는 획일적인 행정이 아니라 지역 단위로 젊은 세대의 육아, 사회에 참가할 수 있는 고용의 창출, 의료 및 고령자 개호와 사회 공헌 등을 일체화한 제도 설계가 요구된다. 지역의 실정에 따라 개개인에게 맞춤형 사회 서비스를 공급하는 구조는 지역 내 서비스 공급자, 이용자, 부담자가 모두 참가해 결정할 수 있는 민주주의적 틀을 필요로 한다. 그러기 위해서는 지방에 재원과 권한을 위양하는 일이 꼭 필요하다. 제도나 규칙의 '공유'에 의해 최소한의 보장과 최대한의 자유롭고 다양한 대응이 지역 현장에서 가능하도록 하는 것이 중요하다. 그런 까닭에 의료·개호·교육·보육·취업 지원 등의 현물급부는 피드백 검증이 가능한 소규모 유니트, 즉 지역에서 하지 않으면 안 된다.

'동일 노동 동일 임금'은 출구가 되는가?

최근 '동일 노동 동일 임금'을 슬로건으로 하는 네덜란드 방식을 대안이라고 생각하는 사람들이 늘고 있다. 하지만 네덜란드식의 워크 셰어링(일자리 나누기)은 조심스럽게 다루어야 할 필요가 있다.

네덜란드는 1970년대 자원 가격이 급등하면서 북해 유전의 가스가 큰 수익을 국민 경제에 안겨주었다. 그러나 그 반면 제조 기술 등이 국제 경쟁력을 잃게 되었고 1980년대에는 실업률이 14%까지 이르렀으며 경제는 마이너스 성장에 빠졌다. 1982년 정부와 경영자와 노동조합 대표가 왓세나 합의를 체결, 파트타임 노동자와 풀타임 노동자의 균등한 대우가 법적으로 보장되었다. 또 네덜란드에서는 2년에 한 번 고용 조건을 개정하는 것이 일반적이므로 그때 기준을 결정하도록 했다. 노동자의 노동 시간이 줄고 임금은 계속 내려갔지만 정부는 감세와 공공사업의 삭감을 추진했다. 그리하여 실업률은 21세기 들어와 2%까지 내려갔고 재정은 흑자가 되었다.

네덜란드의 예는 자주 정체된 경제의 성공적인 출구론 모델로 언급된다. 그러나 이런 방식이 성공할 수 있었던 것은 네덜란드가 기본적으로 농업국에 집값이 싸고 사회 보장이 충실했던 것이 중요한 요인이었다. 그러나 21세기 들어와 금융 확대로 인해 주택 버블이 발생했고 가계의 빚이 늘어났다. 리먼 쇼크 뒤에는 가계의 부채 비율이 세계 최고 수준인 250%를 기록했다. 네덜란드는 일본과 함께 리먼 쇼크 뒤 경제 정체가 가장 심했던 나라다. 네덜란드의 실제 기업을 살펴보면 파트타임이 많은 직장은 비교적 한정되어 있으며 일자리 나누기를 담당하는 매니저나 공장의 근무교대제 종업원은 풀타임이 아니면 가동 체제를 유지할 수 없다. 오히려 국가가 비교적 작고 산업 정책적으로 그다지 제조업이 없는 나라인 탓에 외국 자본을 끌어들이기 위해 워크 셰어링을 사용한 면도 있다.

그러나 워크 셰어링을 함부로 일반화하면 '노동 총량의 오류 lump of labor fallacy'에 빠진다. 이 세상에 필요한 노동의 총량은 일정하므로 노동자가 그것을 나눠 가질 수밖에 없다는 것으로 이에 따르면 실업자가 일자리를 얻기 위해서는 풀타임 노동자가 양보하는 수밖에 없다는 결론에 이른다. 하지만 실제로는 필요 노동량은 변하기 마련이다. 어찌 되었건 새로운 산업이 풀타임 일자리를 계속 창출하지 않으면 정규직 및 비정규직 모두 노동 조건이 내려갈 것이고 주택, 교육, 개호 등의 비용이 많이 들어가는 노동자는 해고되어 바로 궁핍한 생활을 해야 될 것이다. 한번 그렇게 되면 탈출은 무척이나 어렵다. 일본병에서 탈출하기 위해서는 안정된 고용 제도의 재건이 산업 정책의 중요한 기반이 된다는 사실을 궤적의 예측에서 읽을 수 있다.

지역 분산 네트워크형 산업 사회

고용 제도와 마찬가지로 산업 정책의 전제가 되는 것은 지방 문제다. 인구 감소와 경제 파탄은 지방에서 더욱 빠르게 진행되고 있다. 사실 지방의 문제는 '역逆 도쿄 문제'라고 할 수 있다. 전철 야마노테선(도쿄의 순환철도-편집자 주) 안쪽에는 고층 아파트를 비롯한 갖가지 근대적 빌딩이 건설되었다. 그런데 도쿄에서 올림픽을 개최하는 일이 오히려 일본 경제의 쇠퇴를 가속화시키는 것은 어떻

게 된 영문일까? 이 역설에 지금의 일본 경제 쇠퇴의 한 원인이
숨어 있다.

최근 몇 년, 아테네 올림픽 이후 그리스 경제가 파산했고 베이
징 올림픽 뒤에 베이징의 환경 문제와 경제 감속이 심각해졌다.
런던 올림픽이 있은 다음 영국 경제가 정체되었고 스코틀랜드 독
립이 가속화되었으며 러시아 소치에서 올림픽이 있은 뒤 우크라
이나 문제가 심각해지는 등 올림픽 개최가 경제 사회의 문제를 심
각하게 만드는 역사를 반복했다. 리우데자네이루 올림픽에서도
빈곤에 대한 대처가 최우선 문제로 제기되어 있는 상황이다.

역사적인 궤적을 살펴보면 도쿄의 고층 빌딩에서 사용하는 막
대한 전력을 책임지는 원전은 위험성 때문에 도쿄에는 지어지지
않고 니가타와 후쿠시마에 건설되었다. 세계적 기준으로도 이례
적일 만큼 거대한 원전 시설인 가시와자키가리와 원전은 2007년
니가타 현 주에쓰 지진이라고 하는 규모가 그다지 크지는 않아도
예상을 웃도는 진도로 인해 피해를 입었다. 후쿠시마 제1원전은
모든 전원이 상실된 상태에서 2호로의 벤트(고압이 된 원자로를 열어 노
심의 공기를 방출하는 일―역자 주)가 작동되지 않아 방사성 물질의 대량 방
출을 일으켰고 그 결과 400평방킬로미터의 국토를 잃은 것이나
다름없게 만들었다. 여섯 개의 원자로가 집중된 가운데 1호로와
3호로의 수증기 폭발에 휘말려 폭발이 없었던 2호로에서 방사성
물질이 대량으로 유출된 원인은 너무 많은 원자로를 한 곳에 모은
탓에 갑작스러운 사고에 대응할 수 없었기 때문으로 이는 정책적
인 실패라고 할 수 있다. 후쿠시마 원전 사고는 도시를 위해 막대
한 발전 시설 특히 원전의 지방 집중이 낳은 사고인 것이다.

인구가 증가하고 고용과 소득이 늘어나면서 대량 생산·대량 소비를 했던 시대에는 이러한 집중 메인 프레임형 시스템에 어느 정도 합리성이 있었는지 모른다. 그러나 인구가 감소로 바뀌고 고용이 해체되고 나면 정말로 비합리적인 시스템으로 변한다. 예를 들어 도쿄의 엄청난 인구 집중은 얼핏 경제적 합리성이 있는 것처럼 보이지만 사실 고용 기회를 상실한 젊은이들이 도쿄로 빨려 들어간 것으로 도쿄는 젊은 세대의 생활에 불안정과 곤궁, 그리고 과도한 노동을 강요하고 있다. 그 결과 출생률은 최저로 떨어졌고 저출산 및 고령화가 더욱 악화되는 것이다.

그에 비해 지방은 ICT 및 IoT가 발달하면서 에너지와 농업, 복지(우치하시 가쓰토内橋克人는 Food, Energy, Care의 이니셜을 따서 FEC라고 부른다) 등의 분야에서 소규모 분산 건설이 가능하다. 가까운 미래에 이들 분야를 기점으로 하여 지역 분산 네트워크형 산업 구조로 바뀔 것이다. 지방의 최대 매력은 음식이라든가 주민과의 유대 등과 같은 생활의 리사이클을 기초로 하는 좋은 환경이다. 지역 자원에 뿌리를 둔 FEC에 첨단 기술을 결합시킴으로써 새로운 산업 구조와 사회 시스템을 창조하는 일이야말로 일본병을 낫게 할 수 있는 길이다. 그러나 농업을 기반으로 자급자족하면서 자연 에너지를 스마트하게 이용, 그것을 외부에 판매할 수 있는 지역 경제가 요구되는 바로 지금, TPP로 농업 파괴를 진전시키고 불량 채권화한 원전의 재가동, 원전 수출 산업에 일본의 기업을 참가시키는 정책은 장기 쇠퇴의 속도를 가속시킬 뿐이다.

이처럼 지방 문제를 '역 도쿄 문제'라고 생각하면 지방 활성화는 비용의 문제가 아니라 구조의 문제임이 분명해진다. 원전 문제는 도쿄에서 막대한 전력을 사용하면서 발전에 필요한 방사성 폐기물 등 환경 부담은 후쿠시마나 니가타에 부담시키는 것에서 비롯되었다. 마찬가지로 미군 기지에 대한 부담은 오키나와가 지고 있는 것이다. 이러한 '이익은 도쿄가 부담은 지방이'라고 하는 중앙과 지방의 격차를 역전시키는 일이 요구되고 있다. 자연 에너지 산업의 규모를 늘리고 지속 가능하게 구축하기 위한 본격적인 발전 및 송전 분리 개혁, 스마트화, 피드인탈리프(재생 가능한 에너지의 고정 가격 거래 제도)의 활용 등 세계 각국에서 실시 중인 정책은 공유론에 근기한 규칙의 재설정을 의미한다. 이와 같은 경제 구조의 전환을, 궤적을 예측하며 진행시키는 것도 중요한 일이다.

3 산업구조의 역사적 전환을 향해

에피게놈 병으로서의 세계 경제의 변조와 '일본병'

『역시스템학』에서 이야기한 것처럼 생명도 시장 경제도 다중적인 피드백으로 구성되어 있으며 이미 선형이 아닌 복잡한 구조를 형성하고 있지만 거기에 다시 이번에 문제로 제기한 상이한 시간적 스케일에 의한 제어가 추가되어 있다. 그런 까닭에 제어에 새로운 구조가 탄생한다. 그 대표적인 예가 생명체의 에피게놈 구조이다.

유전자의 집합체인 게놈은 다양한 피드백을 받아 움직임이 제어된다. 그리고 일벌과 여왕벌을 나누거나 무엇이든 될 수 있는 iPS 세포를 만들곤 하는 것은 제어계를 제어하는 일을 담당하는 에피게놈이다. 에피게놈의 특징은 복수의 상위 정보를 모아 통일 적으로 판단, 복수의 하위 유전자 제어계를 컨트롤하는 것에 있다. 이 통일적인 판단은 초분자 구조라고 불리는 여러 가지 분자가 더해진 집합체로 조절된다. 에피게놈의 특징은 다양한 피드백이 통합되어 하나의 스위치를 켜거나 끄는 기능과 그 결정을 기억하는 기능을 지니고 있다는 것이다.

성장의 많은 단계에서, 환경의 변화와 성장의 단계에 따라 변태하거나 탈피하는 것은 에피게놈 스위치가 중요한 역할을 한다. 그리고 에피게놈은 1대에 한정된 세포의 기억을 게놈을 포함하는 초분자 구조를 수식하여 기록한다. 기억이 파괴되면 환경의 변화에 대응할 수 없기 때문이다.

사실 지금 벌어지고 있는 중앙은행의 마약과 같은 금융 완화에 취해버린 일본 경제는 그야말로 에피게놈 병이라고 할 수 있다. 중앙은행은 제어계를 제어하는 에피게놈으로서 발달해왔다. 17세기 말 영국은행이 설립되면서 영국은 중상주의를 통해 전쟁에 필요한 장기 차입금을 조달할 수 있게 되었다. 18세기 들어 영국은행은 중앙은행이 되었고 19세기 중반 세이프티 넷을 담당하는 '최종대부자最終貸付者' 역할을 맡게 되면서 마르크스가 혁명의 위기라고 주장했던 주기적인 금융 공황을 막을 수 있었다. 그 뒤로 공정보합, 예금 준비율, 채권 오퍼레이션 등의 정책을 손에 넣게 되면서 매크로 경제를 컨트롤하게 되었다.

그러나 버블과 버블의 파탄이 되풀이되는 가운데 중앙은행에 의한 금융 완화가 반복되면서 규모가 팽창함에 따라 금융계에 신기한 '내성' 현상 같은 것이 생겼다. 실제로 중앙은행은 정부기관도 아니고 민간기업도 아닌 애매한 성격 탓에 정치적 압력에 대해 저항하는 기능은 발휘되기 어렵다. 그렇게 금융 시장의 마비가 진행되는 가운데 특히 일본은 선두에 서서 거대 버블을 만들어내었고 그 버블의 붕괴와 함께 '일본병'에 걸리고 말았다. 아마도 새로운 국제 통화 체제라든지 중앙은행의 발권 규칙 혹은 버블을 규제하는 금융기관에 대한 레버리지 규제 방식이 국제적으로 합의되기 위해서는 긴 여정이 필요할 것이다.

그런 가운데 '일본병'에서 탈출하기 위해서는 이런 마약에 의존하지 말고 새로운 산업 구조와 사회 시스템의 전환을 새로운 법규의 편성과 그 확립을 포함해 이루어내지 않으면 안 된다. 게다가 지금까지 잃어버린 25년간의 궤적을 따라가면 그런 일에 임하는 사고방식 자체를 바꾸는 일이 요구된다. 일본병에서 탈출하기 위한 어프로치인 동시에 정보를 기초로 하는 새로운 과학 기술의 방법론이 아니면 안 되는 것이다.

정보와 민주주의적 프로세스

정보에 기반하는 산업 구조의 전환을 위해서는 사전 예측으로서의 현상의 인지 및 인식이 출발점이 된다. 예측의 과학은 경험에 근거한 사전 모델을 바이어스 없는 데이터를 사용한 검증 사이클을 통해 보다 좋은 사후 모델로 진화시키는 추론 사이클을 엔진으로 한다. 경제학에서는 행동경제학 같은 새로운 흐름도 나왔지만 계량적 실증을 해야 하는 경우조차 선천적인 특정 모델을 상정하는 경우가 많다. 데이터에서 나오는 귀납적 방법이 경시되는 것이다.

가장 먼저 경험에 근거한 사전 모델을 어떻게 인지하고 인식할 것인가가 출발점이 된다. 그리고 민주주의라는 것은 의견의 차이를 전제로 하는 것뿐 아니라 모델을 현실의 데이터와 맞춰보며 검토를 반복하는 일에 의해 예상되는 궤적이 집속되면 합의가 형성되는 시스템을 말한다.

그러나 버블 붕괴 이후의 일본 역사는 일탈된 정보 전달의 역사이기도 했다. 1980년대 후반 버블은 나카소네 정권의 '민활'로 정부가 부동산 투기를 조장한 것에서 시작되었다. 1990년대 버블 붕괴 때는 "Too Big to Fail(파산시키기에는 너무 크다)"라는 말로 버블 경영자를 옹호했다. 끝까지 옹호할 수 없게 되자 금융기관의 보호가 주장되었고 국비가 투입되는 한편 고용 유동화와 비정규 고용의 확대가 이루어졌다. 버블의 책임을 묻는 대신 고이즈미 내각의 '구조 개혁'은 호리에 다카후미堀江貴文(인터넷 기반 기업 라이브도어의 설립자. 주가조작으로 실형을 선고 받았다─편집자 주)와 무라카미村上 펀드(설립자 무라카미 요시아키村上世彰가 내부자 거래로 실형을 선고 받았다─편집자 주)를 신산업의 기수로 떠받들었다. 그리고 그 결과는 안타깝기 짝이 없는 '잃어버린 세대'의 형성과 고용 불안의 일상화였으며 그것들은 '자기 책임'이 되었다. 그런 가운데 터진 리먼 쇼크 결과 실업자와 파견 노동자가 급증했다. 다음에 나타난 아베노믹스는 '이차원 금융 완화'를 부르짖었지만 실제로는 격차와 재정 파탄이 악화될 뿐이었다.

한편 이런 표면적인 언설보다 더욱 근본적인 부분에서 정보의 지배가 시도되고 있다. 스노든 파일Snowden Files에 따르면 미국의 NSA(미국국가안전보장국)를 중심으로 미국, 영국, 캐나다, 호주, 뉴질랜드 등 5개국 정보기관은 일체화한 시스템으로 애플, 구글, 아마존, 마이크로소프트, 페이스북 등을 포함해 매달 970억 건 이상의 통신을 감청함으로써 사람들을 관리하려고 했다.

아베노믹스를 진행시킨 아베 정권은 매스컴 대책에 특별히 공을 들였으며 계통적으로 정보를 왜곡시키고 있다. 정권 발족과 함께 NHK 회장 및 경영위원 인사에 개입했으며 자민당 젊은 의원들 모임을 통해 매스컴에 대한 압력을 경제계에 요청하는 등 노골적인 매스컴 통제부터 시작했다. 아베노믹스의 특징이 데이터 조작이라는 것을 이 책의 곳곳에서 언급한 바 있다. 그러나 이런 매스컴에 대한 지배는 후진국의 독재 정권처럼 출구가 없는 정책의 강행 돌파를 선택할 수밖에 없다.

또 한 가지 일본의 인터넷을 통해 전해지는 정보에 문제가 커지고 있다. 인터넷에는 바이어스가 없는 망라적인 정보를 모은 데이터 베이스와 자의성으로 가득한 바이어스 정보가 혼재되어 있다. 일본의 침략 전쟁에 관련된 데이터 등은 인터넷에서는 계통적으로 바이어스를 가한 텍스트 파일밖에 없는 이상한 편집이 이루어진다. 그야말로 텍스트가 베이스인 웹 세상에서 하나의 주장만이 옳은 것 같은 허구가 만들어지는 것이다. 그러나 그것들은 현실 세계에서는 전혀 통하지 않으며 국제적으로 아베 정권은 '극우'로 경원될 뿐이다.

이런 정보를 기반으로 한 예측에는 함정이 숨어 있다는 것을 알고 준비할 필요가 있다. 이미 3차원적인 형태를 추정하는 방법으로 제2장에서 자세히 설명했지만 입체(3차원)인 물체를 평면 이미지(2차원)로 옮기면 차원이 감소한 만큼 정보량이 줄어든다. 그 평면 이미지를 다수 모아 해석한 다음 입체로 되돌리게 되면 차원을 늘리는 조작으로 인해 얼마든지 자의적인 조작이 가능해진다. 노이즈에서 아인슈타인의 얼굴을 예측할 수 있는 것이다. 자의적인 조작뿐 아니라 얼핏 올바른 것처럼 보였던 지금까지의 데이터 수집에도 함정이 숨어 있을 수 있다는 것을 알 필요가 있다.

흔히 말하는 성과주의라는 것은 더욱 차원을 낮추는 행동이나 마찬가지다. 지금 아베 정권이 관료에게 실시 중인 사업 평가, 즉 키 퍼포먼스 인디케이터KPI라는 것은 복잡한 현실을 하나의 지표로 떨어뜨리는 것으로 3차원의 대상을 1차원까지 낮추는 것이나 마찬가지다.

정보가 왜곡되면 젊은이들은 희망을 잃게 되고 지방 경제는 더욱 위축된다. 어디엔가 전환의 실마리는 없는 것일까?

데이터화하기 힘든 대상에 가치가 있다

그렇다면 숫자로 바꾸기 힘든 대상은 어떻게 데이터화할 수 있을지 실례를 들어 생각해보자. 마음의 문제는 미래의 산업 구조 전환에 있어 기초가 될 과제들과 깊은 관련이 있다. 예를 들어 자동차와 관련해서는 인지증이나 간질 문제 같은 것이 있고 불법 각성제 등등 정신에 관련되는 문제가 점점 커지고 있다.

그중에서도 비중이 큰 우울증에 대한 이해와 그 치료약은 앞으로 올 산업혁명의 중핵이 될 것이라 생각해도 크게 틀리지는 않을 것이다.

우울증이라고 흔히들 이야기하지만 정신과 진료에서는 '내인성 우울증'이라고 하여 본인 내부의 병이라는 성격이 강한 우울증과 주변으로부터 영향을 많이 받는 '반응성 우울증'으로 나눠서 진료한다. 전자의 경우는 약물이나 다양한 정신과적 치료가 요구되지만 후자의 경우는 본인의 생활 전반에 어떤 문제가 있는지 상담을 한 뒤 환경을 바꾸는 일이 중요하다. 학교, 직장 등에서의 인간관계에 문제가 있는데 향정신약을 복용하면 문제가 오히려 악화되는 경우도 많기 때문이다.

미국정신의학회는 DSM이라고 하는 향정신병의 진단 및 통계 매뉴얼Diagnostic and Statistical Manual of Mental Disorders을 발표하였고 1980년, 1994년, 2013년에 DSM3, 4, 5의 개정판도 발표했다. 미국식 예측 매뉴얼인 것이다. 정신과 진단에서는 먼저 '상태상狀態像'을 평가한다. 본인이 하는 호소와 행동을 통한 증상과 의사 입장에서 본 타각적 소견인 징후를, 관찰하는 표출에 맞추어가며 '상태상'을 생각한다. DSM은 이러한 데이터를 얻을 때 객관화하기 쉬운 증상을 중시하며 의사의 주관적 판단이 강한 표출을 제외한다.

정신과 의사인 나카야스 노부오中安信夫 씨는 표출 외에도 태도, 몸가짐, 복장 등과 그 변화, 표정, 목소리의 크기, 기질, 억양, 이야기가 자발적인지, 질문에 바로 대답하는지, 올바르게 이해하는지, 정리가 잘되는지, 이야기가 연속적인지, 말의 어미가 애매해지는지 등등의 소견을 중시한다고 한다. 나카야스 씨는 처음 환자를 진찰할 때는 대합실까지 간다고 한다. 진찰실에 들어오면 변하는 환자가 많기 때문으로 그 차이 역시 중요한 표출이 된다고 한다.

DSM5에서는 표출의 평가가 개별 정신과 의사에 따라 다르기 때문에 신뢰성이 낮다고 일컬어진다. 나카야스 씨는 DSM5를 사용할 때는 신뢰성을 높이기 위해 전문가 집단을 통한 교육 등으로 대응해야 한다고 주장하며 그렇게 대응하지 않으면 객관적 판단일 수도 있는 표출을 제외해야 하므로 예측이 곤란해진다고 한다.

DSM5는 약의 개발에도 얼핏 적합한 구조로 보인다. 점수화된 증상으로 환자를 고르고 약의 효과를 점수로 평가할 수 있기 때문이다. 그러나 처음 진단에서 내인성 우울증과 반응성 우울증이 구별되지 않으면 약의 개발은 무척 곤란해진다. 반응성 우울 상태인 경우에는 약의 투여에 의해 일시적으로 증상이 호전되더라도 실제로는 문제가 더욱 악화되어 자살을 기도하는 일이 늘어난다. 한편 내인성 우울증인데도 직장을 바꾸게 된다면 생활이 불안정해지면서 치료가 어려워진다. 환자의 상태와 현실적인 생활 모두 놓치지 않는 것이 중요하며 약을 투여하더라도 실제 효과는 예측과 반대가 될 수도 있다.

정신병이라고 하는 인간의 마음과 관계가 있는 민감한 영역에서 단적으로 나타나는 듯한, 안이한 수치화로 놓치기 쉬운 실질적인 상태를 어떻게 데이터로 만들 수 있을까에 문제 해결의 출발점이 있다. 정보의 차원을 줄여 연산 가능한 형태로 하기 위해서는 어떻게 정확하게 정보를 처리할 것인가 하는 세심한 주의가 필요하다. 차원이 줄어든 정보로 추론 사이클을 반복한 경우 궤적을 찾으면 정확성을 높일 수 있다. 이는 정신의학에서의 표상과 같은 방법이다.

거기에는 뛰어난 인문과학, 사회과학적인 인간 파악이 요구된다.

인문과학에서의 예측의 과학

자연 안에서도 생명을 대상으로 하는 생명과학(의학)과 사회 안에서도 경제를 대상으로 하는 경영학을 통해 논의를 진행했지만 앞으로의 인간사회의 과학과 경제 구조의 전환에서 인간과 그 소산, 예술을 대상으로 하는 인문과학의 경험에 대한 논의가 중요해질 것이다. 역사나 윤리, 철학이나 미학, 언어학이나 교육학이 커다란 요소가 된다.

　그중에서 인문과학의 전개를 방해하는 것은 몬티 홀 문제에서 볼 수 있는 고전적 통계학 개념의 오용이다. 생물 중에서도 제어계의 고도의 진화를 거친 인간이라고 하는 생명체는 복잡한 내부 구조를 가진다. 피셔 통계라는 것은 너무 복잡해 계산할 수 없는 것을 종이와 연필로 계산 가능한 범위에서 차원을 줄이는 것을 목적으로 성립되었다. 그 때문에 정규 분포 등의 특징적 분포를 가정하고 계산을 단순화하는 것을 목적으로 해왔다. 피셔 통계학에서는 자의적으로 상정된 위험률로, 특정한 가설이 타당한지 버려야 하는 것인지를 결정할 뿐이다. 이것이 복잡한 내부 구조를 가진 인간을 다루는 인문과학의 논문에 수없이 등장하는 일은 정말 놀랍다. 내부 구조가 있는 것은 정규 분포에 따르는 일이 무척 적으며 이러한 방법론을 사용할 수 없는 경우도 많다.

　튜링의 암호 해독으로 상징되는, 불량 설정 문제에 막대한 데이터를 모아 반복해서 추정함으로써 예측의 정확도를 높이는 일이 가능해지면서 인문과학의 방법에 대해 피셔의 통계를 이용하는 문제의 심각성이 부상하고 있다. 예를 들자면 아베노믹스와 같은 예측(기대)에의 유혹이 경제를 파괴하는 것처럼 여론 조사가 설문의 분기점을 어떻게 설정했느냐에 따라 얼마든지 여론을 유도

할 수 있는 수단이 된다.

인문과학은 사실 무척이나 복잡한 내부 구조를 가진 대상을 어떻게 투사해서 차원을 낮출까 하는 것으로 그 방법에는 특징이 있다. 그런 경우 하나의 방법으로서 중요해지는 것은 궤적을 명시해 가는 방법이다. 최근 의료나 교육의 현장에서는 공장의 생산 라인부터 시작된 궤적의 추적 방법으로 크리티컬 패스 분석법critical path analysis이라는 수법이 있다.

예를 들어 유방암 치료에 외과, 내과(항암제, 호르몬제), 방사선과, 면역요법 등의 방법이 있는 경우 하나의 방법으로 치료하는 것이 아니라 복합해서 치료를 하기 위한 방법인 것이다. 주변에 확산이 된 유방암이라도 처음에는 방사선을 쬐고 조금 작아지면 보존적인 외과 수술을 하고 수술 후에도 화학요법을 부작용이 너무 심하게 나타나지 않는 범위에서 행하며 재발했을 때도 다시 복합치료를 최적화하는 방법인 것이다.

교육학에서도 패스 해석은 중요하다. 청각 장애가 있는 아이에게 예전에는 보청기 아니면 수화라는 두 가지 선택지가 있었다. 그러나 소리를 마이크로 모으는 전기적 자극으로 만들어 내이에 직접 전하는 인공 내이의 성능이 좋아지면서 그것을 어떻게 적용할 것인가 하는 검토가 진행되었다. 인공적인 개혁을 아이에게 접합하는 것에 대한 문제, 수영이나 운동 등이 제한될 가능성이라든지 다양한 부작용 등이 복잡하게 엉키면서 선택은 직선적이 아니게 된다.

그러나 수화로 하는 교육, 인공 내이를 통한 교육, 보청기를 사용한 교육을 하기 이전에 아이의 인생에 최초로 모어母語를 전달할 모친에게 이들 패스 정보를 종합적으로 전해 당사자의 결정권을 높여줄 수 있는 대처가 필요하다. 중증 청각 장애아의 경우 조기 교육과 초등 교육으로 청각에 의한 커뮤니케이션뿐 아니라 수화 및 손가락 글씨 등의 시각에 의한 커뮤니케이션 수단의 이용이 원활한 커뮤니케이션 발달에 필수적이다.

아이가 성장함에 따라 당사자는 부모로부터 아이로 바뀌게 된다. 예전에는 청력 보충 교육을 방해한다고 수화의 습득을 금지하는 시설도 있었다. 그러나 청각 장애아에게 필수적인 언어로 수화가 인정되고 있으며 성인 청각 장애자 중 인공 내이를 희망하는 사람이 늘어나면서 패스의 전환 및 병용이 당연하게 되었다. 각각의 수법에 대한 의논뿐 아니라 청각 장애의 언어 발달 전체에 대응하는 크리티컬 패스 분석이 진행되고 있다. 이렇듯 인공 내이의 확산에 따른 자연과학과 인공과학의 융합적 발전은 인간 생활을 위한 산업 구조의 전개에도 중요한 궤적을 나타낸다. 의사가 환자를 '증례症例'로 보지 않고 '인간'으로 보는 당사자 주권의 전환은 학문의 발전뿐 아니라 새로운 산업의 사회적 수용과 발전에도 필수적이기 때문이다.

딥 러닝의 한계

이 책에서 등장하는 궤적의 추적에 대한 논의는 미국의 IT 기업 등에서 나오는 딥 러닝Deep Learning론의 한계도 명백함을 알리고 있다. 구글은 자사에서 개발한 딥 러닝의 인공지능 라이브러리를 오픈 소스로 하겠다고 발표했다. 베이즈 추론을 반복 이용함으로써 기계 학습만으로 복잡한 문제를 예측할 수 있을 것이라는 기대가 싱귤래리티singularity 등의 논의로 종종 나오곤 한다.

그러나 그것은 항상 실패의 역사였다. 싱귤래리티란 '기술적 특이점'이라는 뜻으로 컴퓨터가 가진 인지 및 인식이 발전하여 의식을 가지게 되고 인공 지능이 인간을 넘어설 것이라고 가정한다. 이런 이론은 자연과학에서 커다란 발전이 있을 때마다 반복적으로 나타난다. 게놈 해독이 있은 뒤에도 이제 인간의 모든 것을 알 수 있게 됐다며 말이 많았고 냉전 뒤에도 프란시스 후쿠야마Francis Fukuyama 등은 '역사의 종말'에 대해 신나게 썼다.

그러나 게놈 해독은 에피게놈이라는 제어계의 제어라는 복잡한 시스템을 수면 위로 올려 놓았다. 냉전의 종결은 국경 없는 전쟁 같은 혼돈을 낳고 금융이나 재정 및 국가의 구조에 문제를 일으키고 있다.

기계에 의한 반복 학습을 더욱 철저하게 함으로써 데이터에서 암호를 해독하는 것처럼 불량 설정 문제의 보편적인 해독 방법이 나타날 것이라던 예상이 '딥 러닝'이라는 이름으로 선전되었다. 그러나 가장 큰 문제는 '인식'에 있다. 현실을 '계측'하게 되면 차원의 감소를 불러온다. 그 타당성을 담보하기 위해서는 '계획' 데이터의 품질 관리가 열쇠가 된다. 품질을 보증하는 것은 현장주의이며 데이터를 통합하는 시점은 '당사자 주권'이라 할 수 있다.

철저한 '현장주의'로 데이터를 품질 관리한 뒤 '당사자 주권'으로 통합을 생각하는 것이다. 그리고 그 보조적 수단으로서 '예측의 과학'은 의미를 가진다. 딥 러닝은 우리 예상보다 훨씬 높은 품질의 데이터를 대량으로 모았으며 그 연산을 가능하게 할 머신 파워의 정비를 필요로 한다. 지금의 컴퓨터 파워로 거기까지 기대하는 것은 딱한 일일 것이다. 컴퓨터의 실제 아키텍처는 매일 진보하고 있다. 컴퓨터나 반도체의 현실로부터 유리되고 데이터 취득의 현장에서도 유리된 싱귤래리티 논의는 사람들이 툭하면 언급하는 '유토피아 이야기'에 지나지 않는다. 지금의 인텔 칩에 대항하여 퀄컴의 휴대전화용 칩이 진보하였고 아이폰의 ARM 칩이 진보하였으며 인텔은 알테라를 매수해 FPGA를 준비 중인 것이 지금 현실에서의 경쟁인 것이다.

그리고 일본의 근시안적인 대기업과 도쿄대 등의 국립대학은 그 경쟁에서 완전히 뒤떨어진 것이 일본병의 현실이다. 그러나 부정적인 면만 있는 것은 아니다. 그 경쟁에 도전하는 한 젊은이가 세운 회사에서는 딥 러닝을 이용해 충분한 정보를 얻을 수 있는 영상 해석 기술을 시험하고 있다. 쉽게 이루어질 과제는 아니지만 그 도전이 시작된 것만으로도 일본병을 극복할 희망의 싹이 보인다고 할 수 있다.

인간 생활을 위한 산업 구조의 전환

현재 정보 혁명이 새로운 산업 구조의 전환을 이끌고 있다. 정보 혁명이 가져다주는 사회의 변화는 이미 여러 곳에서 나타나고 있다. 전화는 휴대전화가 되었고 정보는 웹으로 보낼 수 있게 되면서 유통, 금융 등의 분야에서 격렬한 변화가 일어나고 있다. 하지만 지금 일어나려고 하는 산업 구조의 변화는 단순히 정보가 움직이기 때문에 생긴 변화가 아니라 사물과 정보가 이어지는 일에서 오는 변화이다.

이미 대량으로 생산된 상품의 가격 경쟁이 산업의 중심을 차지하던 시대는 끝났다. 어떻게 해야 환경 · 안전 · 안심을 배려하면서 인간의 생활을 좋게 만드는 산업을 만들 수 있을까를 경쟁하는 시대가 된 것이다.

그러기 위해서는 인간의 기능을 대체할 수 있는 다양한 기술도 필요하다. 저출산 및 고령화 사회에서의 개호라든가 과소화 지역에서의 교통 등의 유지에도 많은 기술이 필요할 것이다. 그러나 그런 것들을 보급하기 위해서는 인간의 인지 및 인식 기능을 대체할 '예측의 과학'이 발전하여야 한다.

예측의 과학으로 시작된 정보 이론은 인간의 인지 및 인식을 대체할 기술의 중핵이라는 중요한 역할을 지니고 있다. 이미 구글 검색기나 아마존 같은 곳에서 사용되는 기술은 베이즈 추론을 통한 새로운 기술의 유용성을 나타내고 있다. 예를 들면 조금 전 이야기한 자동차 산업에서 고령자 사회가 됨에 따라 자동 브레이크 같은 자동 운전 분야가 발전하고 있다.

이 부분에서 이 책의 최종적인 메시지가 분명해진다. 예측의 과학은 사고의 방식을 베이즈 추론에 의존한다. 역사가 있는 복잡한 시스템을 '경험에 기반하는 사전 예측'으로 하고 '바이어스가 없는 데이터'에 기초해 궤적으로서 파악한다. 여기에는 막대한 경험을 데이터화한 뒤 병렬 계산을 하는 정보 통신 파워가 요구된다.

영국, 미국의 군수 기술로서 르네상스를 맞이한 베이즈 추론이지만 미국의 정보 사회 안에서 군국주의와 상업주의라는 거대한 왜곡을 짊어지고 있다. 그 때문에 예측은 정보의 차원을 줄이는 단계에서 많은 정보량이 삭감되어 '고삐 풀린 황소'가 되어 사회를 파괴한다.

일본은 1980년대 후반의 버블 경기와 버블의 파탄에 의한 신용 수축 쇼크로 인해, 젊은이들은 고용 유동화에 따른 '잃어버린 세대'가 되었고 그것을 극복하는 데 실패하면서 세계에서 가장 심각한 경제 쇠퇴를 경험하는 나라 중 하나가 되었다. 물론 아프가니스탄이나 이라크처럼 직접적인 침략을 받은 것도 아니고 현재 그리스처럼 국가의 파산이라는 소브린 리스크 같은 위기 상황을 맞이하고 있는 것도 아니다. 그렇지만 출구가 없다는 점에서는 같다고 할 수 있는 경험을 하고 있다.

'일본병'을 탈출할 수 있는 출구를 모색해야 하지만 정치만으로는 포퓰리즘과 정보조작주의로 인해 제대로 기능하지 않는다. 경제만으로는 신자유주의의 폭주와 버블의 반복으로 생긴 상처를 마약과도 같은 금융 완화에 의존하고 있는 것이 현실이다. 비정상적인 금융 완화는 피드백을 상실시키고 격차를 고정하여 쇼크로 돌진하는 수밖에 없게 만들었다. 과학만으로는 다원적인 이론을 병렬할 뿐 가치관에 통일적인 시야를 제공하지 못한다.

탈출의 열쇠가 되는 것은 현장주의와 당사자 주권과 같은 역할을 하는 예측의 과학이다. 노인 개호나 생활의 청결과 쾌적함, 일하는 여성의 육아 및 가사 지원, 자동차의 안전장치, 방범 및 방재 기술 등 예측이 중요해지는 산업이 급속도로 번성하고 있다. 예측은 사람들의 경험을 데이터화(혹은 모델화)하여 인지 및 인식이라는 새로운 과학적 방법을 요구한다. 경험의 인지 및 인식이야말로 인문과학을 중심으로 하는 문화와 윤리의 과제임이 틀림없다.

세정 장치가 달린 변기가 주는 쾌적함은 물의 온도, 청결한 정도 등을 반복적으로 테스트하는 가운데 탄생했다. 그러나 자동차의 자동 운전은 구체적으로 어떤 지역에서 어떤 가이드라인으로 할 것인지를 결정해야 하며 지역 사회의 수용 또한 필수적이다. 한편 자동 운전이 보조하면 졸음 운전도 증가하는 등의 생각지도 않은 사태에 대한 대응도 필요해진다. 이미 자동 스톱 기능 등은 완성되어 있으며 그런 기능으로 막을 수 있는 사고도 증가하고 있다. 인지과학의 과제는 앞서 전자현미경의 이미지로 이야기한 것처럼 잘 알지 못하는 일이 이중으로 겹칠 때 유추하는 방법이라고도 할 수 있다. 인문과학이나 학술은 본질적으로 현실을 투사하는 도구다.

데이터를 계통적으로 모으고 이런 특징을 파악해 수없이 많은 횟수의 계산을 순식간에 하기 위해서는 컴퓨터의 아키텍처가 문제가 된다. 콜로셔스와 ENIAC이 반복적으로 추론을 할 수 있었던 것처럼 막대한 가능성의 조합에서 최적의 해답을 내기 위해서는 특징적인 연산이 요구된다. 세계 최대의 반도체 메이커인 인텔이 고쳐 쓸 수 있는 반도체 아키텍처를 보유한 알테라를 2조 엔에 매수한 바 있으며 휴대용 반도체는 영국의 ARM사와 미국의 퀄컴이 경쟁하고 있다. 그러나 일본의 전기 메이커는 미국 기업이 포기한 원전 비즈니스의 매수에 달려드는 등 실패를 거듭하다가 반도체 산업은 경쟁력을 잃고 말았다. 그러는 동안 신약 설계와 관계가 있는 엄청난 양의 병렬 계산을 위한 아키텍처는 미국의 대부호 D. E. 쇼가 마이크로소프트의 창업자인 빌 게이츠의 지원으로 신형 슈퍼 컴퓨터를 이용해 독과점을 노리고 있다. 그리고 이화학연구소의 다이지 마코토泰地眞弘人 등이 분자의 구조를 예측하는 새로운 아키텍처를 만들었다. 다이지 등은 스톡홀름대학의 에리크

린달이 이끄는 글로벌한 오픈 아키텍처의 일익을 형성하고 있다. 공유론이 발전하면서 군사 부문에 과점되는 정보 과학이 아니라, 공유되고 있으며 오픈 플랫폼에 있는 첨단 과학이야말로 일본의 장래에 도움이 된다.

동시에 자동 운전이 '고삐 풀린 황소'가 되는 경우에 대비해 비상 정지 단추 같은 설계도 열쇠가 된다. 긴급 사태에 인간이 어떻게 반응할 것인가 하는 현장 심리학은 필수적이다.

또한 어느 지역에 어떻게 사용할지는 역사적으로 문화적으로 깊은 이해가 필요하다.

역사와 문화라는 것은 경험의 집대성으로 역사와 문화를 자신에게 유리하도록 잘라 버리거나 수정하는 일은 사태를 더욱 악화시킨다. 아베노믹스는 역사수정주의에 기초하는 시대에 뒤떨어진 자기중심적인 애국주의밖에 모르는 까닭에 본질적으로 독재 파쇼라 할 수 있으며 인문과학을 적대시한다. 문부성의 인문 및 사회계 학부의 삭감책은 그야말로 그 사실을 잘 대변해준다. 세대간, 지역간 통합적 이해가 첨단 과학 기술에 필수적이며 앞으로의 산업혁명에서 핵심이 될 것이다.

지금까지 자연과학, 사회과학, 인문과학으로 나뉘었던 과학의 통일적인 이해가 없으면 앞으로의 정보과학을 축으로 하는 산업혁명은 짊어질 수 없다. 아베노믹스의 인문과학 적대시에 반박하려고 해도 그 반박이 종래의 인문과학을 지키겠다고 하는 회귀를 원하는 것이어서는 달성이 불가능하다.

역사 전체를 바이어스 없이 경험으로서 이해하는 문화가 '일본병'의 출구이다. 한 사람 한 사람의 경험을 중시하고 당사자 주권을 소중히 여기는 마음이 필수적이며 사람의 수만큼 추론 사이클을 반복하는 것이 민주주의의 근간이다. 역사의 아이러니라고도 할 수 있겠지만 전쟁 때문에 준비한 정보 처리 능력의 확대와 예측의 이론화가 그것을 가능하게 해주고 있다.

젊은 세대의 고용 안정화와 장기적 관점의 공유 문화 육성에 대한 지원을 열쇠로 하는 피드백의 재확립에서 산업 구조의 전환이 시작된다. 고령화 사회의 문제는 버블의 붕괴로부터 고이즈미 '구조 개혁', '리먼 쇼크, 후쿠시마 원전 사고', 25년에 걸친 '잃어버린 세대'를 통해 만들어졌다. 아베노믹스가 위험 수역에 들어가는 가운데 현장에서의 당사자 주권을 찾는 일이 시급하다.

후기

그로부터 12년이 지났다.

2004년 1월 최초의 공저 『역시스템학——시장과 생명의 구조를 밝히다』를 집필했을 때는 생명과학과 경제학이라고 하는 얼핏 보기에 완전히 다른 분야의 연구자가 한 권의 책을 쓰는 행위에 당혹스러워 히는 목소리도 자주 들었다. 그러나 필자들에게는 전혀 위화감이 없었다. 그것은 오랜 시간 친구였다는 이유 때문이 아니다. 시대의 요청과 사회의 수요에 대처할 수 있는 당사자 주권적인 과학만이 새로운 과학이 가야 할 길이라고 생각했으며 자연과학이든 사회과학이든 그 사실은 공통이었기 때문이다. 사실 '과학'은 '객관성'이나 '진리'라는 이름 아래 많은 잘못된 생각을 강요한 어두운 역사가 있다. 이러한 '과학'에 대한 당사자 주권의 입장에선 과학자의 진지한 노력이 그것을 극복해왔다. 변변찮지만 『역시스템학』은 그런 시도의 하나라고 자부하고 있다.

생명과학과 경제학의 대담 및 기술은 결코 서로의 비슷한 현상에 대한 아날로지(유추)가 아니다. 그것은 두 필자 나름대로 시대의 요청과 사회의 수요에 마주한 것이었으며 그 분석을 지탱하는 근원적인 '시각'을 제시한 것이었다. 행인지 불행인지 고도 성장기와 게놈 해독 시대의 낙관적이고 자동 조화적이며 무한하게 단선적으로 발전할 것 같던 세계는 끝이 나고 우리는 혼란한 시대에 살고 있다. 이런 시대 배경 때문에 복잡하게 보이는 현상이 귀착할 곳을 어떻게 예측할 것인가 하는 공통 과제에 대답하는 일이 요구되었다.

이와 같은 격동의 시대에는 경제학의 균형론적인 세계관은 전혀 도움이 되지 않을 뿐더러 정책에 악영향을 준다. 새로운 병리학적 어프로치가 필요함에도 불구하고 경제학에서 그런 방법론은 그다지 찾을 수 없다.

한편 생명과학에서는 게놈 해독으로 생명의 수수께끼가 해명될 것이라는 기대와는 달리 게놈이 해독되면서 그 수식에 의해 다이내믹하게 변동하는 에피게놈이라는 새로운 고차원적 제어계가 존재한다는 사실이 밝혀졌고 그 수수께끼를 풀려고 하는 새로운 시도가 시작되었다. 유전자 배열을 읽는 시퀀서라든가 질량 분석 등의 계측기기 덕분에 막대한 양의 정보가 들어오는 한편 그 막대한 정보가 가지는 의미를 풀기 위한 컴퓨터의 연산력과 알고리즘이 요구되었다. 고령화나 암, 혹은 생활습관병은 에피게놈의 변화를 바탕으로 하고 있었고 그 이해가 필요한 것이 하나의 배경이었다.

돌이켜보면 12년 전은 마침 인간 게놈이 해독된 직후로 고이즈미의 '구조 개혁'이 한창일 때였다. '자기 책임'이라고 하는 말이 상징하듯 방법론적 개인주의에 근거한 시장원리주의가 세상을 석권하고 있었다. 이런 시대에 뒤떨어진 어프로치가 일본 경제와 사회의 쇠퇴를 가져왔음을 밝히는 일이 중요한 사회적 과제였다. 시장은 '제도의 다발'로 이루어져 있으며 시장도 진화한다는 시각을 갖지 않으면 왜 고이즈미의 '구조 개혁'이 실패할 수밖에 없는지 어떻게 해야 본질적인 출구를 찾을 수 있을지 모를 것이라고 논했다. 실제로 그 뒤 고이즈미의 '구조 개혁'은 일본 제품의 국제 경쟁력을 떨어뜨렸고 엄청난 격차와 빈곤을 만들어냈으며 디플레이선 경제를 정착시켜 지역 경제의 쇠퇴를 진행시켰다.

밀레니엄에 인간 게놈이 해독되면서 유전 형질을 결정하는 정보를 가진 부분은 유전자의 2%에 불과하며 나머지 98%의 '정크 DNA'는 몸의 다양한 조절 및 제어를 한다는 사실을 알게 되었다. 그것은 다중적인 피드백으로 이루어져 있으며 유전자환원주의로는 설명할 수 없었던 60조 개의 세포가 한 사람의 인간을 만들어내는 일을 가능하게 했다.

그러나 역시스템학은 시장 경제와 생명체를 횡단면으로 볼 수 있는 틀이었다. 그로부터 12년이 지나 보니 아베노믹스에 의해 일본 경제의 실태는 더욱 악화되었고 격차사회가 고정화되고 있다. 일본 제품의 국제 경쟁력도 과학 기술도 훨씬 더 쇠퇴한 가운데 대기업은 오로지 내부유보에만 열을 올릴 뿐인 까닭에 재정 및 금융 정책도 노동 시장도 지역 경제도 전부 다 희생되고 있다. 일본 은행의 재정 파이낸스로 버티다 보니 일본의 체력은 점점 더 쇠약해졌고 그뿐만 아니라 전쟁 체제 만들기까지 이루어지고 있다. 아베 정권에 의해 미디어의 쇠퇴도 가속되었으며 사실 그 자체를 숨기려고 하고 있다. 그것은 진행 암이 치료를 받을 때마다 악성화되면서 항생제가 전혀 듣지 않는 다제내성 감염증이 출현하는 것과 비슷한 상황이라 할 수 있다. 그런 까닭에 이 책에서는 이런 악성화 증상을 '일본병'이라고 이름을 붙이고 장기 쇠퇴의 다이나미즘을 해명하여 어떻게 출구를 찾아야 할지를 과제로 삼은 것이다.

그 물음에 대답하기 위해서는 복잡하게 변화하는 대상의 궤도를 추적하고 막대한 데이터로부터 미래를 예측할 수 있는 과학이 필요하다. 이 책에서는 시장 경제와 생명체에 대해 주기성을 가진 동태적 현상을 파악한 후 베이즈 추론적인 사고방식을 도입해 흔히 말하는 베이즈 통계와는 다른 '주관적'이지 않은 경험의 파악으로 모델을 만들 필요성을 논했다. 현장에 입각한 인지 및 인식을 기반으로 전체를 고려한 모델을 완성시킨 뒤 막대한 데이터를 반복적으로 분석하고 정치화精緻化함으로써 보다 정확한 예측을 제시할 수 있다.

분석하는 틀을 추출할 때 주의해야 할 것은 『역시스템학』이 정태적인 틀이라고 하면 이 책 『일본병』은 동태적 분석을 통한 예측의 틀이라는 것이다. 동태를 예측하기 위해서는 전체를 부감하는 노력이 필수이며, 개별 분야를 심화하면 전체가 보일 것이라는 낙관론은 성립하지 않는다. 역사는 반복된다. 경제적 위기가 나타날 때마다 '대본영 발표'를 반복해서는 '일본병'을 더욱 악화시킨 아베노믹스를 깨뜨릴 수 없다. 아베노믹스라는 이름의 프로파간다를 깨뜨리기 위해서는 어떡해서든 진실을 전하는 저항 방송을 내보내는 것이 열쇠가 된다. 『역시스템학』은 레트로스펙티브(회고적)한 해석에 유효한 반면 『일본병』은 앞으로를 위한 프로스펙티브(미래적)한 예측에 도움이 되었으면 하는 소망을 품고 저술했다. 물론 여전히 불충분한 부분도 있으며 실험적인 글의 영역에 머무른 부분도 있지만 독자의 비판이나 조언을 양식 삼아 더욱더 정진하고 싶다.

마지막으로 『역시스템학』을 편집해주었던 나카니시 사와코中西沢子 씨가 이번에도 집필을 권하고 편집을 도와주었다. 감사의 말씀을 전하며 이 책을 덮고자 한다.

2015년 12월

가네코 마사루 · 고다마 다쓰히코

역자 후기

　최근 '한국형 양적 완화'가 뜨거운 감자로 떠오르는 가운데 일부 경제 전문가들은 일본 아베노믹스의 사례를 '반면교사'로 삼아야 한다는 충고를 제기하고 있다. 아베노믹스 정책에 대해서는, 양적 금융 완화를 지속적으로 취했음에도 불구하고 경제 성장과 물가 목표를 달성하지 못했다는 분석이 지배적이다.

　이러한 아베노믹스의 정책 실패에 대해 이 책은 매우 흥미로운 분석을 시도한다. 아베노믹스로 인해 장기 정체를 넘어 장기 쇠퇴로까지 이어지는 일련의 현상에 대해 생명과학을 대입하여 참신한 분석을 내놓고 있는 것이다. 기존의 경제·경영학적 접근으로는 자칫 놓칠 수 있는 현 일본 경제 상황의 근본 원인과 결과, 그에 대한 대비책까지 생명과학의 메커니즘을 절묘하게 대비하여 명쾌한 결론을 이끌어내고 있다. 그야말로 "경제는 살아 있는 생물이다"라는 말이 절로 와 닿는 날카로운 분석이라 생각한다. 이는 오늘날 경제 상황이 그만큼 복잡다단하게 이루어져 있다는 것을 의미한다. 새로운 시각에서 이해 관계와 선입견 없이 좀 더 객관적으로 파악할 수 있도록 다양한 학문과의 연계를 통한 접근이 요구되는 것이다. 이 책은 그러한 통합적 분석을 통한 정확한 사유와 예리한 관찰로써 아베노믹스의 기저에 자리잡은 의도와 실패할 수밖에 없는 필연적 근거를 속속 드러낸다. 또한 미래를 예측하여 일본이 올바른 방향으로 장기 쇠퇴를 벗어날 수 있는 근본적인 대책을 제안한다. 자연과학과 사회과학을 통합한 과학적인 논리로 아베노믹스의 진실을 파헤치는 분석이 인상적이다.

이 책에서 보여주는 아베노믹스에 대한 촌철살인과도 같은 분석은 현 한국의 경제 상황에도 많은 시사점을 주고 있다. 독일의 철학자 헤겔은 "역사는 반복된다"고 했다. 동일한 원인에 동일한 결과가 반복된다는 뜻으로 이미 역사가 보여준 부정적 인과를 되풀이하지 않도록 해야 한다는 일종의 경고 메시지가 담긴 말이다. 현재 한국은 1990년대 '버블' 붕괴로 저성장이 고착화된 일본과 많은 부분에서 닮았다. 빈부 격차의 확대, 불황의 장기화, 실업자의 증가, 비정규직의 증가, 연금제도의 파탄, 고령화의 진전…등등 사실상 실패로 끝난 일본의 아베노믹스를 반면교사로 삼고 진지한 자세로 이들 문제에 대한 해법을 모색하여야만 일본의 '잃어버린 25년'을 반복하지 않을 수 있을 것이다. 그 해법에 대한 작은 힌트를 이 책 『일본병』에서 분명 찾을 수 있을 것이라고 생각한다.

2016년 5월 20일

옮긴이 김준

일본병 —장기 쇠퇴의 다이내믹스—

초판 1쇄 인쇄 2016년 6월 20일
초판 1쇄 발행 2016년 6월 25일

저자 : 가네코 마사루, 고다마 다쓰히코
번역 : 김준

펴낸이 : 이동섭
편집 : 이민규, 김진영
디자인 : 이은영, 이경진
영업 · 마케팅 : 송정환, 안진우
e-BOOK : 홍인표, 이문영, 김효연
관리 : 이윤미

㈜에이케이커뮤니케이션즈
등록 1996년 7월 9일(제302-1996-00026호)
주소 : 04002 서울 마포구 동교로 17안길 28, 2층
TEL : 02-702-7963~5 FAX : 02-702-7988
http://www.amusementkorea.co.kr

ISBN 979-11-7024-924-5 04300
ISBN 979-11-7024-600-8 04080

NIHONBYO
by Masaru Kaneko, Tatsuhiko Kodama
© 2016 by Masaru Kaneko, Tatsuhiko Kodama
First published 2016 by Iwanami Shoten, Publishers, Tokyo.
This Korean edition published 2016
by AK Communications, Inc., Seoul
by arrangement with the proprietor c/o Iwanami Shoten, Publishers, Tokyo

이 책의 한국어판 저작권은 일본 IWANAMI SHOTEN과의 독점계약으로
㈜에이케이커뮤니케이션즈에 있습니다.
저작권법에 의해 한국 내에서 보호를 받는 저작물이므로 무단전재와 무단복제를 금합니다.

이 도서의 국립중앙도서관 출판예정도서목록(CIP)은 서지정보유통지원시스템
홈페이지(http://seoji.nl.go.kr)와 국가자료공동목록시스템(http://www.nl.go.kr/kolisnet)에서
이용하실 수 있습니다. (CIP제어번호 : CIP2016012187)

*잘못된 책은 구입한 곳에서 무료로 바꿔드립니다.